教育部人文社会科学基金资助项目（15YJA890026）

中国地域武术文化区域分布及其数字化研究

张胜利　著

人民体育出版社

图书在版编目（CIP）数据

中国地域武术文化区域分布及其数字化研究 / 张胜利著 . -- 北京：人民体育出版社，2020（2023.10 重印）
ISBN 978-7-5009-5861-1

Ⅰ.①中… Ⅱ.①张… Ⅲ.①武术—地方文化—研究—中国 Ⅳ.① G852

中国版本图书馆 CIP 数据核字 (2020) 第 182254 号

*

人民体育出版社出版发行
北京中献拓方科技发展有限公司印刷
新 华 书 店 经 销

*

710×1000　16 开本　12 印张　200 千字
2020 年 11 月第 1 版　2023 年 10 月第 2 次印刷

*

ISBN　978-7-5009-5861-1
定价：60.00 元

社址：北京市东城区体育馆路 8 号（天坛公园东门）
电话：67151482（发行部）　　邮编：100061
传真：67151483　　　　　　　邮购：67118491
网址：www.psphpress.com

（购买本社图书，如遇有缺损页可与邮购部联系）

(一) 拳种

拳种是中国武术最直观、最主要的存在方式,所以,本书中重点把拳种作为中国地域武术文化区域分布的主要内容来介绍,但拳种纷繁复杂,要对其进行甄别和选择。首先,关于拳种的界定一直比较模糊,原国家体委界定的有129种,而《中国武术大辞典》及各省拳械录中所列的拳种则更多,其他相关研究对此也没有统一界定。其次,武术也是一直在发展创新,目前有许多被冠以"拳"的创新武术内容产生,而且被各地方所接受。本书中,对于拳种的界定一般指在全省或地方上有一定历史、普及面广、有一定影响力的拳种或流派。所以本书重点选择了国家级和省级非物质文化遗产名录中的武术拳种,这些拳种一般历史较长,有代表性,而且是仍然处于"活态"传承中。然后是武术挖掘整理时期的武术拳种,但有些小拳种可能已经不存在。最后是个人进行的地域文化研究成果中所记录的武术拳种,如《齐鲁武术史话》《天水武术》《津门武术》等记录的拳种。

(二) 传统舞蹈、传统戏剧

如景颇刀舞、永新盾牌舞、京剧武打、粤剧南拳等,其往往是武术与舞蹈、戏剧的结合,亦武亦舞,藏武于舞,藏武于戏,而且历史悠久,武术文化内涵丰富。

(三) 民俗武术

如山西社火、成都的达摩会、武汉的单刀会、中原武术文化庙会、登封武社火等,这些民俗活动历史悠久,内涵丰富,形式多样、活泼幽默,群众基础好、参与度高,是了解地域武术文化难得的素材。

(四) 武术文物、遗迹

如中央国术馆遗迹、杨露禅故居等,对于了解武术人物、历史具有极大作用;再如越王勾践剑,属于重要的武术文物,对研究古代兵器有重要价值。

(五) 武术人文景观

如少林寺、峨眉山、温州武术博物馆、南少林寺、黄飞鸿纪念馆等，有些虽然为当代人文建筑，但其仍然包含丰富的地域武术文化内容，是深入了解这一地域武术文化的钥匙。

(六) 武术组织、武术院校、武术馆等

如中国武术协会、精武体育会、中华武术会、河南太极拳学院等，不但对武术发展具有重大影响，同时也为当代了解、参观、学习武术提供了很好的帮助。

(七) 武术赛事

主要为目前仍然"存在"且地理位置清晰的赛事，如焦作国际太极拳交流大会。对于已经停办的赛事或地点不固定的赛事则无法在武术文化区域分布中来显示，如世界传统武术锦标赛，前两届在郑州举行，第3届在湖北十堰举行，随后几届的赛事地点也不是固定的，所以，也无法作为地域武术文化区域分布的内容。

三、具有地标性的代表性武术文化

就像地标性建筑一样，在武术文化区域分布中也要对地标性武术进行详细标注。所谓地标性武术文化，往往是对某一地域武术具有代表性，历史较长，流传广泛，影响力较大，地域文化特色明显，承载了本地域丰富的武术文化内涵，并对这一地域其他武术文化内容具有影响和辐射作用。如山东的螳螂拳、江西的字门拳、甘肃的八门拳、福建的五祖拳等。具体到某一小的地域，往往也有其地标性武术，如甘肃天水秦安县的壳子棍、云南省德宏傣族景颇族自治州所属陇川县的景颇刀术等。将具有地标性的武术文化内容进行重点详描，不但可以清楚地知道这一地域所在地理位置，还可以帮助了解这一地域的武术文化特征。

四、各地域武术文化内容选择的依据

区域分布的直观清晰性决定了必须以行政地域作为武术文化分布的地理范

围。基于以往相关研究，如20世纪80年代的武术挖掘整理，目前非物质文化遗产中的武术等都是以省（自治区、直辖市）级行政单位为基础，所以，本书决定以省级为单位研究武术文化区域分布。同时，考虑到省级武术文化区范围广、历史长、武术文化内容较多等因素，不可能将所有的武术内容包括在内。尤其是一些著名的武术之乡，如沧州，知名的武术拳种就有53个，占全国武术门派拳种的40%，受篇幅限制，只能择其重点，简明扼要地勾勒出每一地域武术文化分布的大体轮廓。在介绍各省武术文化区域分布时本着以下原则：首先，考虑地理位置的均衡性，武术文化内容最好能按照地理位置均匀地分布在各省中。其次，也要考虑到武术文化属性的均衡性，拳种、舞蹈、民俗、文物遗迹、人文景观等均有涉及。再次，充分考虑到武术文化内容的代表性，如河北沧州八极拳、河南的陈式太极拳等地域代表性拳种，都是本省武术文化区域分布研究的必备内容。最后，对多地共有的相同武术文化内容进行"定位"，如流传范围较广的武术拳种，省内各地均有流传，就要选择最能体现这个拳种代表性的具体地点。如甘肃八门拳，在甘肃省各地均有流传，在介绍甘肃武术文化区域分布时，必须将兰州作为"八门拳"的代表地域，因为兰州是八门拳的发源地，主要八门拳名家均出自兰州，习练人口也最多，而且，甘肃省八门拳研究会也设在兰州。基于以上分析可见，以省级为单位展现武术文化区域分布，武术文化地域分布的均衡性、武术文化属性的均衡性、代表性内容以及代表性地域是各地域武术文化内容选择的主要依据。

五、中国地域武术文化区域分布的表达

在完成区域划分、地域武术文化内容界定、地标性武术文化的标注、确定各地域武术文化内容选择依据四个重要步骤后，接下来就是将各地域武术文化内容按照区域进行条理清晰的书面呈现。具体包括两部分：各地域（以省、自治区、直辖市为单位），按照省（自治区、直辖市）级—地（市）级—县级三级对武术文化内容进行总体列表式呈现，同时进行简要介绍；另外，对于各地域地标性武术文化内容从起源、发展、主要内容、特点、代表性人物等几个方面进行详细介绍。

CONTENTS 目 录

第一章　燕赵武术文化区域分布 …………………………………… 001
　　第一节　北京武术文化 …………………………………………… 001
　　第二节　天津武术文化 …………………………………………… 008
　　第三节　河北武术文化 …………………………………………… 012

第二章　关东武术文化区域分布 …………………………………… 023
　　第一节　黑龙江武术文化 ………………………………………… 023
　　第二节　吉林武术文化 …………………………………………… 026
　　第三节　辽宁武术文化 …………………………………………… 030

第三章　漠南武术文化区域分布 …………………………………… 034

第四章　西域武术文化区域分布 …………………………………… 038

第五章　青藏武术文化区域分布 …………………………………… 043
　　第一节　青海武术文化 …………………………………………… 043
　　第二节　西藏武术文化 …………………………………………… 046

第六章　陇右武术文化区域分布 …………………………………… 049
　　第一节　甘肃武术文化 …………………………………………… 049
　　第二节　宁夏武术文化 …………………………………………… 058

第七章　秦晋武术文化区域分布 …… 063
第一节　陕西武术文化 …… 063
第二节　山西武术文化 …… 066

第八章　中州武术文化区域分布 …… 071

第九章　齐鲁武术文化区域分布 …… 077

第十章　吴越武术文化区域分布 …… 083
第一节　江苏武术文化 …… 083
第二节　上海武术文化 …… 089
第三节　浙江武术文化 …… 094

第十一章　赣皖武术文化区域分布 …… 101
第一节　江西武术文化 …… 101
第二节　安徽武术文化 …… 107

第十二章　荆楚武术文化区域分布 …… 111
第一节　湖南武术文化 …… 111
第二节　湖北武术文化 …… 115

第十三章　巴蜀武术文化区域分布 …… 119
第一节　重庆武术文化 …… 119
第二节　四川武术文化 …… 123

第十四章　滇黔武术文化区域分布 …… 129
第一节　云南武术文化 …… 129
第二节　贵州武术文化 …… 134

第十五章　闽台武术文化区域分布 …… 139
第一节　福建武术文化 …… 139
第二节　台湾武术文化 …… 145

第十六章　岭南武术文化区域分布 ·················· 149

　　第一节　广东武术文化 ························· 149

　　第二节　广西武术文化 ························· 154

　　第三节　海南武术文化 ························· 158

　　第四节　香港、澳门武术文化 ····················· 163

第十七章　中国地域武术文化区域分布的数字化——构建中国武术

　　　　　文化地图系统 ·························· 167

主要参考文献 ································· 172

第一章 燕赵武术文化区域分布

第一节 北京武术文化

一、北京主要武术文化内容及地域分布

北京,在清代称为京师,由于其都城的地位,许多武术名家纷至沓来,尤其是北方主要拳种均有涉及,以形意、太极、八卦最为著名。民俗武术以五虎棍为代表,其许多技术动作与表现形式取材于武术套路,且特色鲜明。京剧武打亦是与武术具有较近渊源的文化内容。北京还是重要的武术组织、武术院校、文物遗迹等内容的聚集地。为了便于直观展示,现将北京主要武术文化内容进行汇总,详见表1-1。

表1-1 北京主要武术文化内容汇总

序号	名称	简介	代表性地域分布	备注
1	八卦掌	北京本土主要拳种之一,全国流传较广的拳种	北京市西城区八卦掌研究会	国家级非遗
2	吴式太极拳	北京本土主要拳种之一,全国流传较广的拳种	大兴区	国家级非遗
3	通背拳	北京主要拳种之一	西城区	国家级非遗

续表

序号	名称	简介	代表性地域分布	备注
4	"张三"功夫	又称"醉鬼张三门"功法，因"醉鬼张三"而得名，但并非其所创	朝阳区	市级非遗
5	孙式太极拳	北京主要拳种之一，全国流传较广的拳种	西城区、北京市孙式太极拳研究会	市级非遗
6	六合拳	外来拳种	六合拳研究会	市级非遗
7	三皇炮捶拳	北京主要拳种之一，以天、地、人三皇命名	石景山区武术协会	市级非遗
8	意拳	北京本土主要拳种之一	北京市意拳研究会	市级非遗
9	八极拳	外来拳种	朝阳区	市级非遗
10	杨式太极拳	太极拳流派之一	朝阳区	市级非遗
11	梅花桩拳（小架）	梅花拳流派之一	西城区	市级非遗
12	临清潭腿	外来拳种	海淀区	市级非遗
13	形意拳	外来拳种	北京各区	
14	查拳	外来拳种	北京各区	
15	查滑拳	外来拳种，来自河北	大兴区	
16	花拳	外来拳种，义和团时期传入	东城区	
17	洪拳	外来拳种	西城区	
18	劈挂	外来拳种	东城区、通州区	
19	戳脚翻子拳	外来拳种	北京戳脚翻子拳研究会	
20	地躺拳	外来拳种	石景山区	
21	清拳	地方拳种	东城区、西城区、海淀区	
22	心意拳	外来拳种，来自河南	东城区	
23	鹰手翻子拳	外来拳种	西城区	
24	短拳	外来拳种，源自少林	石景山区、房山区	
25	无极拳	地方拳种	门头沟区	

续表

序号	名称	简介	代表性地域分布	备注
26	绵拳	外来拳种	海淀区	
27	白猿拳	地方拳种，民国传入	怀柔区、密云区	
28	螳螂拳	外来拳种	平谷区、房山区	
29	猴拳	地方拳种	西城区	
30	罗汉拳	地方拳种	通州区、顺义区	
31	小红拳	地方拳种，属少林派	大兴区、房山区	
32	二郎拳	外来拳种	怀柔区	
33	太祖拳	外来拳种	西城区	
34	迷踪拳	外来拳种	西城区（原宣武区）	
35	南拳	外来拳种	平谷区、大兴区、房山区	
36	燕青拳	外来拳种，来自沧州	房山区、平谷区	
37	华拳	外来拳种	西城区	
38	武子拳	地方拳种	门头沟	
39	转拳	地方拳种	东城区	
40	顺手拳	地方拳种	海淀区	
41	连手拳	地方拳种	丰台区	
42	大悲拳	地方拳种，属少林	西城区（原宣武区）	
43	功力拳	外来拳种	西城区	
44	唐拳	外来拳种，来自河北	西城区	
45	醉拳	外来拳种	西城区	
46	鹰爪拳	外来拳种	西城区	
47	龙形拳术	外来拳种，来自河北	石景山区	
48	蛇拳	外来拳种	朝阳区	
49	孙膑拳	外来拳种	海淀区	
50	天桥摔跤	民间体育	西城区（原宣武区）	国家级非遗
51	公议庄五虎少林会	民间舞蹈	房山区长阳镇公议庄村	市级非遗
52	西北旺少林五虎棍	民间舞蹈	海淀区西北旺镇	市级非遗

续表

序号	名称	简介	代表性地域分布	备注
53	六郎庄五虎棍	民间舞蹈	海淀区海淀乡人民政府	市级非遗
54	聚元号弓箭制作技艺	传统技艺	朝阳区文委、朝阳区文化馆	市级非遗
55	京剧武打	传统戏剧	北京京剧院	
56	中国武术协会（中国武术研究院）	武术组织	朝阳区	
57	北京武术院	武术组织	西城区	
58	北京体育大学	高校	海淀区	
59	首都体育学院	高校	海淀区	
60	八卦掌研究会	武术组织	西城区	
61	北京市意拳研究会	武术组织	昌平区	
62	北京四民武术研究社	北京成立的第一家武术社，成立于1900年	海淀区	
63	北京民俗文化博物馆	人文景观	朝阳区北京东岳庙内	
64	中国体育博物馆	人文景观	朝阳区安定路甲3号	

二、北京代表性武术文化内容介绍

(一) 八卦掌

八卦掌又称游身八卦掌、八卦连环掌，是一种以掌法变换和行步走转为主的拳术，始创于清朝咸丰年间（约1851—1861年），始创人为河北省文安县董海川。董海川曾云游四方，遍访高人，后定居北京。在吸取众武艺之精华基础上，结合道家易理中的阴阳与八卦理论创编出以掌代拳，步走圆形为运动特征的拳术——八卦掌。

其基本理论是：以八卦图中的卦象，四正（乾南、坤北、离东、坎西）、四隅（兑、震、巽、艮）八个卦位作出基本老八掌，从八掌中又分化出六十四掌，八卦分为阴阳五行三才三盘，上盘鹤行步、牛舌掌、中盘鸡行步、虎口撑圆掌，下盘驼行步、鹰爪掌。

其主要内容包括老八掌（单换掌、双换掌、双撞掌、穿掌、挑掌、翻身掌、摇身掌、转身掌）、六十四掌，以及蹚泥步、定势转掌等练功方法，以及子午鸳鸯钺、鸡爪阴阳锐、风火轮、判官笔等独门兵械和以械长量重为特点的转刀、转剑。

其技法特点为身捷步灵，随走随变，起伏拧转，敏捷多变。身型要求"顶头竖项，立腰溜臀，松肩垂肘，实腹含胸，吸胯提裆，步法起落平稳，摆扣清楚，虚实分明，步行如蹚泥，前行如坐轿，出脚要摩胫"；身法"拧、旋、转、翻、圆活不滞"[1]。

八卦掌在后来流传过程中又形成诸多风格、流派，主要有尹派、程派、梁派、史派、张派。北京地区流传较广的有以程廷华为代表的程派八卦掌和以尹福为代表的尹派八卦掌。北京地区传承人有刘敬儒、孙志均等。

（二）意拳

意拳又称为大成拳，是河北深县王芗斋在形意拳的基础上，吸取各家之长，于20世纪20年代中期所创。王芗斋认为，"形意拳重点应在于意，而不在形，故以形意拳为根基，摒弃传统的套路和固定招式"[2]，于1926年提出"舍形取意，称自己所练拳为'意拳'"[3]。

其基本理论为：站桩为得力之由（浑元力），力由试而得知其所发，更由知而得其所用。发力是拳术有效打击力量的动力，推手为散手之辅助练习，散手为各种拳术力量的综合体现。意拳没有套路，基本内容主要由站桩、试力（包括试声）、走步、发力、推手、散手、劈刺、长杆练习等。其中站桩是意拳的基础和核心，称为"意拳之母"。风格特点为：在训练中始终强调意念诱导，以意念统帅肢体，要求精神集中、呼吸自然、周身放松，使身体各部连成一整体，进而运用精神假借，使全身建立名之曰"混元力"的技击作用。

意拳不仅限于技击，还非常注重健身价值，提出要在养生健身的基础上去锻炼技击能力，即所谓"以养生求技击"。如王芗斋释拳义所言："其使命要在修

---

[1]北京市武术挖掘整理小组.北京武术拳械录[M].北京：北京市体委武术挖掘整理办公室，1986：1.
[2]申国卿.燕赵武术文化研究[J].体育科学，2010，30（4）：81-96.
[3]于鸿坤.大成拳：第二卷[M].北京：人民出版社，2001：4.

正人心，抒发感情，改善生理，发挥良能，使学者精明体健，利国利群，故不专重技击一端也"[1]，形成了技击、健身、修身、民族精神的多维价值。意拳弟子中代表人物有卜恩富、张长信、姚宗勋、王选杰等。

（三）京剧武打

京剧又称平剧、京戏，是中国最具影响力的戏曲剧种，被称为"国粹"，分布地以北京为中心，遍及全国。清代乾隆五十五年（1790年）起，原在南方演出的三庆、四喜、春台、和春四大徽班陆续进入北京，他们与来自湖北的汉调艺人合作，同时接受了昆曲、秦腔的部分剧目、曲调和表演方法，又吸收了一些地方民间曲调，通过不断的交流、融合，最终形成京剧。[2]

传统武术与京剧武打有很深的渊源，京剧的角色分为生、旦、净、末、丑等行当，其中武生、刀马旦等以武功见长。"唱、念、坐、打"乃为京剧"四功"，其中，"打"即为"武打"。"武打"表演主要分为"把子""毯子"。把子也叫刀枪把子，是传统武戏中使用刀枪剑戟等兵器道具的统称，"把子功"又可分为长、短、徒手三类。毯子功包括翻、跌、腾、扑各种惊险难度动作技艺，俗称"筋斗"。武术动作为京剧武打动作提供了丰富的素材，"吸取了翻打、跌扑和武术套路等技巧"[3]。如武术技法中有"手、眼、身法、步、精神、气、力、功"八法，京剧表演艺术的"手、眼、身、法、步"五种技法，亦称"五法"。很多京剧名家与武术有不解之缘，如"武生泰斗"杨小楼，出生于武术世家，曾向八卦掌传人学过八卦掌，还精于通臂拳、少林拳与六合门武术。此外，像俞菊笙、谭鑫培、梅兰芳、程砚秋、盖叫天等都曾向一些武术名家学习过武术，具有很深的武术根基。

但两者也有很大区别，传统武术始终是以技击为核心，具有很强的攻防含义，京剧武打往往把传统武术中有技击含义的攻防动作改变为无技击含义的象征性攻防动作。如京剧对打与武术对练，虽然对练也是经过预先编排，但仍然可以明显感觉出对练比京剧对打更加具有真打实击效果。再就是京剧始终将观赏性放

---

[1] 王芗斋. 意无止境 [M]. 海口：海南出版社，2014：41.
[2] 国学入门编写组. 国学入门 [M]. 桂林：漓江出版社，2013：134.
[3] 杜鹏. 京剧武戏研究 [D]. 北京：中国艺术研究院，2014：1.

在首位，增加很多无技击意义的难度动作，如杂技动作。但近年来，武术有向舞台剧发展的倾向，艺术成分越来越明显。

(四) 民间武会 (五虎棍)

北京武会是民间花会的重要内容，民间花会古称百戏、杂戏、散乐、社火等，是一种传统的群众性文艺组织，北京的民间文艺组织统称为"花会"，分成文会和武会。武会是在行进中专门表演各种技艺，又将各种技艺分成了十三档，其中典型武术内容为"五虎棍"。北京地区五虎棍流行普遍，会档众多，各区县都有。不同地域名称略有不同，有公议庄五虎少林会，西北旺少林五虎棍，六郎庄五虎棍等。"五虎棍"是一种民间舞蹈，相传宋太祖赵匡胤未称帝前，路过董家桥，与恶霸董家"五虎"打斗，在柴荣、郑子明帮助下，打败了五虎，故名"五虎棍"。

不同地域的武会，其背后的拳术门派、表现形式可能有所不同，房山区长阳镇公议庄"五虎少林会"是以少林武术为内核，以少林硬功对打为基础，包括个人单练、双人或多人对打等，有徒手套路对练、个人单器械、器械对练、五人阵法、群打各种套路四十多路，武术器械有棍、枪、剑、拐、单双刀、大刀、双枪、双鞭、钩镰、两节棍、乾坤圈等[1]。西北旺少林五虎棍也以少林武术为基础，以棍术套路为主要表现形式，还加以摆阵、引阵、打阵、破阵为表演内容，文场和武场套路三十多套[2]。六郎庄五虎棍有"天下第一棍"之称，形式上有布兵排阵、单打、双打、出操、摔打等，器械中有齐眉棍、三节棍、梢子棍、藤牌、单棒、双棒、双怀杖、拐子等[3]。

武会中的五虎棍是集历史传说、武术套路、民俗民风为一体的珍贵历史文化遗产，以真实武术功夫为基础，以器械对练见长，"艺中有技、技中有艺"。融合了中华传统武术与民间花会的双重文化内涵，是当地人民勇武刚烈的性格、任侠好义风习的外在表现。目前公议庄五虎少林会、西北旺少林五虎棍、六郎庄五虎棍均为北京市级非物质文化遗产。

---

[1]房山区政协文史工作委员会. 房山文史资料: 第22辑 [M]. 北京: 房山区政协文史工作委员会, 2008: 136.
[2]包世轩. 非物质文化遗产丛书: 妙峰山庙会 (上) [M]. 北京: 北京美术摄影出版社, 2014: 147.
[3]北京市海淀区地方志编纂委员会. 北京市海淀区志 [M]. 北京: 北京出版社, 2004: 918.

第二节　天津武术文化

一、天津主要武术文化内容及地域分布

天津武术内容丰富，回族重刀武术、拦手门武术、无极拳、霍氏练手拳、通背拳、乌鸡门武术等是天津本土代表性武术拳种门派。近代，天津是人员往来频繁的地域，国内主要拳种得以在此汇聚，再加上距离河北、北京较近，两地拳种多有传入。为便于直观了解天津武术文化内容及地域分布，现将其进行汇总，详见表1-2。

表1-2　天津主要武术文化内容汇总

序号	名称	简介	代表性地域分布	备注
1	回族重刀武术	天津本土武术内容之一	红桥区	国家级非遗
2	拦手门武术	天津流传较广的本土拳种之一	河东区（中华拦手门武术总会）	国家级非遗
3	霍氏练手拳	天津主要拳种之一，霍元甲所创	西青区（精武镇）	市级非遗
4	北仓少练老会武术	地方武术	北辰区	市级非遗
5	北少林武术	地方武术	蓟州区	市级非遗
6	无极拳	天津主要拳种之一，由蔡锦堂传入	东丽区	市级非遗
7	鲍式八极拳	八极拳流派之一	北辰区	市级非遗
8	李式太极拳	太极拳流派之一	武清区	市级非遗
9	独流通背拳	通背拳流派之一	静海区	市级非遗
10	功力门武术	地方武术	红桥区	市级非遗
11	傅式形意拳	形意拳流派之一	宁河区	市级非遗
12	太祖长拳	外来拳种	天津体育学院	市级非遗
13	王秦庄少林功力拳	地方拳种，河北沧州王大友传入	北辰区	市级非遗
14	五行通臂拳	通臂拳流派之一	南开区、武清区	市级非遗

续表

序号	名称	简介	代表性地域分布	备注
15	赵堡太极拳	太极拳流派之一	北辰区	市级非遗
16	闫街少林功夫拳	地方武术	北辰区	市级非遗
17	两翼猿拳	地方拳种	北辰区	市级非遗
18	刘快庄形意拳	流传在刘快庄的形意拳，传承人于纯海	北辰区	市级非遗
19	天津传统形意拳	形意拳流派之一	河北区	市级非遗
20	宋派形意拳	形意拳流派之一	河东区	市级非遗
21	乌鸡门武术	地方拳种	河北区	市级非遗
22	子午蛇形掌	地方武术	河东区	市级非遗
23	程派高式八卦掌	八卦掌流派之一	河西区	市级非遗
24	高氏八卦掌	八卦掌流派之一	武清区	市级非遗
25	静海迷踪拳	迷踪拳流派之一	静海区	市级非遗
26	开合太极拳	太极拳流派之一	西青区	市级非遗
27	重刀武术（群英武学社重刀武术）	地方武术	南开区、河北区	市级非遗
28	独流通背拳（永新二十四式通背拳）	通臂拳流派之一	北辰区	市级非遗
29	弹腿	外来拳种	滨海新区（原塘沽区）	
30	戳脚翻子拳	外来拳种	津门修武堂	
31	永良飞叉	传统体育	武清区	市级非遗
32	银炭导引养生功	传统功法	红桥区	市级非遗
33	杨家将传说	民间文学	静海区	市级非遗
34	燕子李三的传奇故事	民间文学	蓟州区	市级非遗
35	杜吉素少林五虎棍	传统舞蹈	蓟州区	市级非遗
36	精武门	人文景观	西青区精武镇	
37	中华武林园	人文景观	西青区精武镇	
38	霍元甲纪念馆	人文景观	西青区精武镇	
39	天津体育学院	高校	天津市静海区	
40	中华武士会研究会	武术组织	宁河区	

续表

序号	名称	简介	代表性地域分布	备注
41	天津盘山武术节	武术赛事	盘山风景名胜区	
42	天津群英武学社	武术组织	西青区	
43	韩慕侠公园	人文景观	西青区	

二、天津代表性武术文化内容介绍

（一）回族重刀武术

重刀原称大刀，是古代战场兵器之一，也是武举考试的内容之一。清代武举考试内容"技勇"中有舞大刀项目，应试者自选刀号，"以一次完成左右闯刀过顶、前后胸舞花等动作为合格"[①]。天津回族重刀武术原名"曹门刀式"，始于回族武术家曹金藻。曹金藻曾组建起天津第一家回族武馆（"市隐国术社"），传授武功、刀法，他将刀加重到80公斤，成为一种练功器械。后经其子曹克明的丰富和创新，回族重刀成为一套完整独特的刀法。曹门刀式吸收了以往武科考试中的弓、刀、石、马步箭等科目技艺，将礅子、石锁、抱石等功夫糅进大刀招式之中。

曹门重刀武术所用之刀一般长240~280厘米，重量在70~90公斤。套路短小精悍，主要技术有旋转类、抛接类、推举类、造型类四类。主要有"插、背、拧、云、撇、水磨、腰串、狮子披红、乌龙摆尾、雪花盖顶、比摆荷叶、掌中花、叠罗汉等刀式"[②]。特点是刚柔相济、动静结合，集力量与技巧于一体。大刀舞起，动如风，静如松，提刀千斤重，舞刀鸿毛轻，刀飞钢环响，刀落寂无声，既惊险雄劲，又轻盈灵动，给人以极大的美感享受。2006年"回族重刀武术"被列入第一批国家级非物质文化遗产名录，代表性传承人有曹仕杰、曹仕伟等。

[①]朱小云. 中国武术发展研究 [M]. 北京：光明日报出版社，2017：129.
[②]津门回族重刀武术：曹门刀式 强身爱国 [EB/OL]. [2012-05-07]. http://news.ifeng.com/c/7fc4 MO-Hy3YT.

(二) 拦手门

拦手门是天津本土武术流派。据拦手门武术总会宣传资料可知,拦手门武术起源于拦路拳和练手拳,至今已传承第十一代人。拦路拳首传人郑海宁曾是明朝将领,1644年来津传授李金刚等人拳、棒、枪、棍、刀、剑及爪功、臀功、桩功和气功等武艺。李金刚等综合各路武术之精华,于1650年创立了拦手拳,创编出拦手拳和翻拳,此后历代传人不断丰富其内容,第六代传人又创编出以猛化疾、猛进迅击的炮拳,形成了"操、拦、翻、炮"四套母拳。

拦手门以"拦"为核心,用独特的拦击手法和诡秘的拦击手段拦截并打击对方,以刁、滑、毒、疾、实为要领,讲究避实进虚,以虚行实,拦截接打,沾手连发。"手法有缠、崩、挂、斩、拦、截、抱等;腿法有勾、扫、踢、踹、蹬、弹、踩、截等;步法有进、撤、闪、滑、插、碾等,强调出步快、落步稳、换步活。"[①] 拦手门武术主要包括四套母拳("拦手操拳、拦手拳、拦手翻拳和拦手五花炮拳"[②]),器械套路("大枪、花枪、单刀、大刀、剑、短棍、流星锤、虎尾鞭"[③] 等) 以及基本功、气功等。其特点是拳势缠绵如丝,迅猛如电,招快身稳,躲闪迅捷,动作舒展,刚柔相济,手脚并用,攻守兼备。

拦手门主要流传于天津地区,上海、重庆等地也有流传,2011年被列入第三批国家级非物质文化遗产名录,传承人主要有张文仲等。

(三) 精武门·中华武林园

中华武林园位于霍元甲的故乡天津市西青区精武镇小南河村。霍元甲(1868—1910年),字俊卿,清末著名爱国武术家,世居天津静海小南河村(今属天津市西青区南河镇,现更名为精武镇),为精武体育会创始人。

精武门·中华武林园以霍元甲和精武精神为主体,由精武主题组团、精武民俗文化组团、民俗文化组团、精武总部组团、精武研究教育组团、精武度假组团、生态居住组团七大部分组成。其核心区域主要分为霍元甲故居、霍元甲陵

---

①夏征农,陈至立. 大辞海:体育卷 [M]. 上海:上海辞书出版社,2015:567.
②杨祥全. 津门武术 [M]. 太原:山西科学技术出版社,2013:173.
③金永伟. 天津市第一批非物质文化遗产名录图典 [M]. 天津:天津杨柳青画社,2010:62.

园、霍元甲纪念馆，以及精武广场四个部分，包括霍元甲墓、霍元甲雕像、霍元甲生平展等众多景点和参观内容。故居内霍元甲练功成长的真实生活场景，陵园内的生平事迹展厅，纪念馆内的实景、实物、照片、书籍等，系统地展示了霍元甲的传奇一生和精武会创建及发展历程。参观者可以深刻体会到"爱国、修身、正义、助人"的精武精神，感受中华民族不屈外辱、自强不息、坚韧不拔的民族气节。

精武镇于1992年、2010年、2012年及2018年先后承办了世界精武武术文化交流大会、霍元甲百年英雄会、"津武荣耀——2018天津霍元甲武术旅游节"等活动。精武门·中华武林园是国家AAAA级景区、天津市爱国主义教育基地和世界精武文化中心。

第三节 河北武术文化

一、河北主要武术文化内容及地域分布

河北是我国武术内容最丰富的地域之一，以武术之乡沧州为代表的地方武术内容复杂，普及面广。河北还是众多北方拳种如八极、六合、杨式太极、梅花、劈挂、戳脚、燕青拳等的发源地，拳种林立，名家辈出。另外，以少林会、五虎棍、武术戏、打棍、武狮、武术扇等为代表的民俗武术形式多样，分布广泛。为了便于直观展示河北各地武术文化内容，现将河北主要武术文化内容进行汇总，详见表1-3。

表1-3 河北主要武术文化内容汇总

序号	名称	简介	代表性地域分布	备注
1	沧州武术	沧州地方武术总称	沧州市	国家级非遗
2	沧州武术（劈挂拳）	沧州主要拳种之一	沧州市	国家级非遗
3	沧州武术（燕青拳）	沧州主要拳种之一	沧州市	国家级非遗
4	沧州武术（孟村八极拳）	沧州主要拳种之一	沧州市	国家级非遗

续表

序号	名称	简介	代表性地域分布	备注
5	沧州武术（六合拳）	沧州主要拳种之一	泊头市	国家级非遗
6	杨式太极拳	太极拳流派之一	邯郸永年区	国家级非遗
7	武式太极拳	太极拳流派之一	邯郸永年区	国家级非遗
8	王其和太极拳	太极拳流派之一	邢台任泽区	国家级非遗
9	梅花拳	邢台梅花拳	邢台平乡县、广宗县	国家级非遗
9	梅花拳	威县梅花拳	邢台威县	省级非遗
9	梅花拳	深州梅花拳	衡水深州市	省级非遗
9	梅花拳	邯郸梅花拳	邯郸市	省级非遗
10	八卦掌	河北主要拳种之一	廊坊市、固安县	国家级非遗
11	形意拳	河北主要拳种之一	衡水深州市	国家级非遗
12	鹰爪翻子拳	鹰爪与翻子拳的融合，河北主要拳种之一	雄安新区雄县	国家级非遗
13	戳脚	衡水戳脚	衡水市桃城区（衡水市燕杰文化武术学校）	国家级非遗
13	戳脚	固安戳脚	廊坊固安县	省级非遗
13	戳脚	饶阳戳脚	衡水饶阳县	省级非遗
13	戳脚	蠡县戳脚	保定蠡县	省级非遗
14	查滑拳	查拳与滑拳的统称，也称查滑门，回族武术	沧州市	省级非遗
15	长洪拳	成安地方拳种	邯郸成安县	省级非遗
16	南托雷氏武术	灵寿县南托村地方武术	石家庄灵寿县	省级非遗
17	大名县佛汉拳	大名县流传的佛汉拳	邯郸大名县	省级非遗
18	清河曦阳掌太平拳	地方拳种，又称掌拳	邢台清河县	省级非遗
19	八趟掩手	地方拳种，又称近手	雄安新区安新县	省级非遗
20	苗刀	地方拳械	沧州市	省级非遗
21	青县麒麟拳	地方拳种，道教武术	沧州青县	省级非遗

续表

序号	名称	简介	代表性地域分布	备注
22	贾氏青萍剑	地方拳械	沧州黄骅市	省级非遗
23	河间左把大奇枪	地方拳械	沧州河间市	省级非遗
24	沧县传统武术	地方武术	沧州沧县	省级非遗
25	弹（谭、潭）腿	地方拳种，以腿法见长，用发源地临清龙潭寺的潭字命名	邢台临西县、沧州沧县	省级非遗
26	微水武术	地方武术	石家庄井陉县	省级非遗
27	安次区南关村少林武术	地方武术	廊坊市安次区	省级非遗
28	陈村查拳	陈村地方流传的查拳	邯郸邱县	省级非遗
29	八卦掌（梁氏）	八卦掌流派之一	张家口市宣化区	省级非遗
30	通臂拳	开河少林散手通背门	邢台南宫市	省级非遗
		合一通臂或通臂二十四势	沧州市	省级非遗
		太极通臂拳	廊坊三河市	省级非遗
		五行通臂拳	廊坊香河县	省级非遗
		心聚六合软手通臂拳	廊坊霸州市	省级非遗
31	十字八方拳	地方拳种	邢台威县	省级非遗
32	冀州三皇炮锤	河北主要拳种之一，冀州为三皇炮捶的发源地	衡水冀州区	省级非遗
33	连环绵掌	沧州地方拳种	沧州河间市	省级非遗
34	阴阳八盘掌	地方拳种	沧州任丘市	省级非遗
35	八仙拳	地方拳种，属少林派	沧州河间市	省级非遗
36	高氏迷踪拳	迷踪拳流派之一	沧州黄骅市	省级非遗
37	白猿通臂拳	通臂拳流派之一	沧州黄骅市	省级非遗
38	二郎拳	地方拳种，主要流传在沧州地区	沧州南皮县	省级非遗
39	孙式太极拳	太极拳流派之一	邢台沙河市、保定望都县、保定市孙禄堂武术院	省级非遗

续表

序号	名称	简介	代表性地域分布	备注
40	卢式太极拳	太极拳流派之一	邯郸广平县	省级非遗
41	梁家鹦鹋拳	地方武术，因流传在梁家村（原名鹦鹋村）而得名	石家庄井陉县	省级非遗
42	阴阳八盘掌	地方拳种	雄安新区雄县	省级非遗
43	李派太极拳	太极拳流派之一	廊坊市广阳区	省级非遗
44	李氏迷踪拳	迷踪拳流派之一	沧州青县	省级非遗
45	杨氏青萍剑	地方拳械	沧州市运河区	省级非遗
46	洪拳	外来拳种	邢台巨鹿县	省级非遗
47	绵张拳（石家秘传绵张拳）	地方拳种	石家庄市新华区	省级非遗
48	高阳短拳	高阳地方拳种	保定高阳县	省级非遗
49	形意拳（孙式形意拳）	形意拳流派之一	保定市	省级非遗
50	岳氏散手	地方拳种	雄安新区雄县	省级非遗
51	孙氏太极老架	太极拳流派之一	承德市	省级非遗
52	沙家门武术	地方武术	沧州东光县	省级非遗
53	盘古王拳	地方拳种	沧州青县	省级非遗
54	海兴郭桥武术	地方武术	沧州海兴县	省级非遗
55	南皮八卦掌	南皮县流传的八卦掌	沧州南皮县	省级非遗
56	少北拳	外来拳种	秦皇岛市山海关区	省级非遗
57	梅花老架	梅花拳流派之一	邢台内丘县	省级非遗
58	吴式太极拳	太极拳流派之一	邢台隆尧县	省级非遗
59	查拳	外来拳种	邢台桥东区	省级非遗
60	太极拳（杨氏中平架）	太极拳流派之一	廊坊市	省级非遗
61	通臂（背）拳（少齐派）	通臂拳流派之一	廊坊文安县	省级非遗
62	杨式太极拳（南关老拳）	太极拳流派之一	河北省兴民杨式太极拳社	省级非遗
63	随手拳	地方武术	石家庄赵县	省级非遗
64	平山东岗上武术会	地方武术	石家庄平山县	省级非遗

续表

序号	名称	简介	代表性地域分布	备注
65	红拳	外来拳种	邯郸市峰峰矿区	省级非遗
66	秘宗拳（周氏）	迷踪拳流派之一	沧州黄骅市	省级非遗
67	太师鞭	地方拳械	沧州黄骅市	省级非遗
68	铁头功铁臂功	地方拳械	张家口蔚县	省级非遗
69	铜臂螳螂拳	螳螂拳流派之一	唐山路北区	省级非遗
70	孤庄头五虎会	地方民俗武术	雄安新区雄县	省级非遗
71	姚式太极拳	太极拳流派之一	唐山遵化市	省级非遗
72	摔跤（怀德营）	传统体育	定州市	省级非遗
73	沙河藤牌阵	传统舞蹈	邢台沙河市	国家级非遗
74	苏桥飞叉会	传统杂技	廊坊文安县	国家级非遗
75	黄骅五虎棍	传统舞蹈	沧州黄骅市	省级非遗
76	圈头村少林会	传统舞蹈	雄安新区安新县	省级非遗
77	王庄飞叉	传统杂技	廊坊霸州市	省级非遗
78	肃宁武术戏	传统戏剧	沧州肃宁县	省级非遗
79	盐山武术扇	传统舞蹈	沧州盐山县	省级非遗
80	万全打棍	传统舞蹈	张家口万全县	省级非遗
81	何庄武狮	传统舞蹈	石家庄赵县	省级非遗
82	桃林坪花脸社火	地方民俗，其中"武社火"含武术内容	石家庄井陉县	省级非遗
83	丰宁横河蒙丁演武	传统舞蹈	承德丰宁满族自治县	省级非遗
84	邯郸武灵丛台	文物古迹，与赵武灵王"胡服骑射"有关	邯郸市	
85	董海川故居	文物古迹	廊坊文安县	
86	杨露禅故居	文物古迹	邯郸永年区广府镇	
87	武禹襄故居	文物古迹	邯郸永年区广府镇	
88	陈子正故居	文物古迹	雄安新区雄县	
89	国际太极拳运动大会	武术赛事	邯郸市、永年县	
90	河北体育学院	高校	石家庄市	
91	邯郸太极学院	高校	邯郸市	

二、河北代表性武术文化内容介绍

（一）沧州武术

沧州武术历史悠久，"源于春秋，兴于明朝，盛于清代"①，清末则已蜚声海内外。从清代"镖不喊沧"可见沧州武术在全国举足轻重的地位。"在国家审定的129个拳种中，在沧州广泛流传的就占52个；武林百杰中沧州籍人士占14位"，曾经"在沧州境内习武者数十万人，武术人口所占比例高达40.02%"②。沧州武术名家辈出，有"铁壮士"丁发祥、"神枪"吴钟、"大刀"王五、"神枪"李书文、"千斤神力王"王子平、豪杰佟忠义、"国术馆之父"张之江、"燕子"郭长生、"康德第一保镖"霍殿阁、武术大师李景林，以及传艺于西北五省的马凤图、马英图等。沧州的六合、八极、八卦、功力、太祖、通臂、劈挂、戳脚、翻子、二郎、燕青、短拳、疯魔棍、杨家枪、苗刀等拳种门派和拳械在全国知名度极高。沧州武术文化的形成与其地理位置有关，沧州地处京津冀鲁的交界处，号称京津南大门，是兵家必争之地，商贾云集之处、人犯流放之所。另外，这里因位于旱涝交加的"九河下梢"而形成的遍习武事及因武扬名的"募兵之习"③ 也是武术文化盛行的原因。

（二）杨式太极拳

杨式太极拳的创始人为杨露禅，河北永年人。杨露禅年轻时到温县陈家沟学习陈式太极拳，学成后返乡授徒。后经人介绍到北京王府教授太极拳，但是由于一些王公贵族体弱多病，不太适合练习陈式太极拳中的蹿蹦跳跃、发力等动作。杨露禅根据这一情况，对陈式太极拳进行改革，将高难度功架简化，删减原有的发力、跳跃等动作，使姿势较为简单，动作柔和易练，既适合练习，又有益于健身。后经杨班候、杨建候、杨澄甫等人修改，定型成为杨式太极拳，杨式太极拳特点是动作柔和、速度缓匀、姿势舒展、中正大方、刚柔内含、轻松自然、轻灵

---

① 付志方. 望长城内外 胜境河北（下）[M]. 石家庄：河北美术出版社，2014：602.
② 王涛. 继古贤之风扬 今人之志 [J]. 中华武术，2003（3）：4.
③ 申国卿. 燕赵武术文化研究 [J]. 体育科学，2010，30（4）：92.

沉稳。

杨式太极拳由于其易学易练、健身效果突出、适于修身养性、便于普及的特点，深受大众欢迎，是武术向体育化、娱乐化、大众化发展的重要转折点。尤其是新中国成立后，杨式太极拳获得迅速发展，前国家体委正式公布的二十四式、八十八式等适合推广的太极拳，都是以杨式太极拳为基础改编或由其演化而来的。此外，吴式、武式、孙式太极拳都是在吸收杨式太极拳基础派生、创新而成。河北永年成为与河南温县并列的另一"太极圣地"。2006年河北永年申报的杨式太极拳入选首批国家级非物质文化遗产名录。永年杨式太极拳包含两方面内容，一是太极拳套路，主要包括大、中、小架，快架，三十二短打等；二是杨式太极拳器械，主要包括太极剑、太极刀、太极十三杆等。

(三) 孟村八极拳

孟村八极拳全称"开门八极拳"，拳谱云："八"为阴阳，"极"为巧妙变化趋于极远。八极拳盛行于河北省孟村回族自治县孟村镇，已有300年的历史，目前已传承十四代，是我国主要拳种之一，首传人为吴钟。据吴钟墓碑文可知："吴钟，字弘声，回族。清雍正十年二月初三日，降于山东海丰后庄科村"。吴钟精八极拳、大枪法及其他器械，以"神枪"闻名于世，有"南京到北京，大枪数吴钟"之誉。后吴钟受聘到孟村传艺，"乾隆五十六年，公寓孟村，传技于丁孝武、吴永诸公"（吴钟墓碑文），其拳法在孟村发扬光大。吴钟传授的功夫后来被命名为八极拳。

八极拳核心技术以六大开、八大招为主。"六大开"即顶、抱、单、提、挎、缠，是单操手。每一种手法都有较强的技击性，是八极拳的主要技击手段。"八大招"是八极拳的技击散手，"阎王三点手""猛虎硬爬山""迎门三不顾""霸王硬折缰""迎封朝阳掌""左右硬开门""黄莺双抱爪""立地通天炮"为其主要手法[①]。八极拳法的拳械套路主要有八极架、八极拳、六大开、八大招、四郎宽拳、六肘头、太宗拳、太祖拳、华拳、飞虎拳、春秋刀、提柳刀、六合大枪、六合花枪、行者棒、八棍头、纯阳九宫剑等。主要特点为："拳法发劲刚猛，

---

① 《武术拳种和拳家》编写组. 武术拳种和拳家 [M]. 上海：上海教育出版社，1985：62.

爆裂骤变；动如绷弓，发若炸雷，三盘连击，八节并用，势动神随，疾如闪电；发招进手，以气催力，声助拳威"①。

八极拳传人历代名家辈出，有吴荣、李大中、吴会清、黄四海、张景星、李书文、强瑞清、马凤图、马英图、霍殿阁、霍庆云等。目前八极拳弟子遍布全国，拳法远播美日韩等国，影响力巨大。2008年八极拳被列为第二批国家级非物质文化遗产名录，目前代表性传承人为吴连枝。

（四）梅花拳

梅花拳全称为"五式梅花桩"，因在梅花桩上演练而得名，落地演练称落地梅花桩，也称梅花桩、梅花拳或梅拳，是我国历史悠久的优秀传统拳种之一。燕子杰在《论梅花桩的起源及其文武一体的特点》一文中认为，梅花桩不仅是一派拳术或养生的方法，而且是流传在民间的中国传统文化的一个"源"和"根"。"梅花"的图谱则是"五行""八方""九宫""太极"。梅花拳历史悠久，但自邹宏义开始，才有确切的文字记载。邹宏义，直隶顺德府（今邢台市平乡县）人，融周易八卦于拳理，化阴阳五行于拳法，创立了独特拳派梅花拳。目前，平乡县马庄的邹氏墓群已被河北省人民政府列为省级重点文物保护单位。1997年原河北省体委、河北省体育总会授予平乡县、广宗县河北省"梅花拳之乡"称号。2006年邢台梅花拳入选第一批国家级非物质文化遗产名录，代表性传承人为李玉琢，张西岭。

梅花拳武功锻炼的层次和形式分为架子、成拳、拧拳、器械四部分。架子包括"桩步五势"和"行步三法"，五势即"大势、小势、顺势、拗势、败势"②。"行步三法"是摆法、扎法、撤法。成拳是在基本功架子基础上两人或多人对练的方法，主要动作有抓、拿、摔、打；拧拳无定手定步，无拘无束，实用步法主要是零而不乱的大八方步。梅花拳演练者称器械为兵器或把子，"除刀、枪、剑、棍等常见的十八般兵器外，还有许多手推独轮车部件原型的特有兵器"③。

梅花拳文武双修，有"文场"和"武场"，文场人员还负责梅花拳弟子的思

---

①沧州武术志编纂委员会．沧州武术志[M]．石家庄：河北人民出版社，1991：41.
②任其云．五势梅花拳的功法练习[J]．中华武术，2016（7）：70-72.
③马维彬．河北省非物质文化遗产图典：第1辑[M]．石家庄：河北美术出版社，2007：241.

想工作和演练、亮拳的组织管理等事务；武场弟子通过武功锻炼体悟拳理拳法。梅花桩武功讲究内外结合、内外兼修、形气合一、神气合一。动作朴实，舒展大方，拳势泰然，动静有致，刚柔相济，疾徐中节，技击性强，无论形神皆有独特风格。

（五）绵张拳

绵张拳又称石家秘传绵张拳，是河北省石家庄市正定县石建义家族传承的武术拳种，据传已经传23代，目前主要传承人是22代掌门人石建义。

关于绵张拳，明代武术典籍多有提及。戚继光在《纪效新书》中指出："吕红八下虽刚，未及绵张短打"①，明代著名武术家程冲斗认为："惟杨家枪、太祖长拳、绵张短打、孙家阴手棍、少林兼枪带棒，乃五家正传"②。张横秋的弟子仑良曾编纂传抄《张氏短打拳》的拳谱，石家祖上以石敬岩为代表，精于枪法，优善大枪（吴殳《手臂录》中有详细描述），石家祖上用大枪换艺而得绵张拳。绵张拳基本功为：单练有"一字功""呆架势""大枪筑基功""前撑抽扯步""鸭踏步"等，对练有"撞肩""缠臂""进退步叨手"等；步法训练有"前坚后箭步""通怀步""之玄步""三角步""梅玄步""靠山步""三门步""卸步"；套路有八趟拳法及功法；行着（散手）有"八大手""二十四小手""散手对练"；特技有"石家打穴神技"；器械有大枪和短棍等。其主要特点是"动作朴实，古朴纯真，简捷实用，技击性强，阴阳互济，内外兼修"③。

（六）戳脚

戳脚是我国北方尤其河北中部盛行的拳种，曾有"山东查""直隶戳"之称，被誉为"北腿之杰"。关于戳脚的历史源流，武林中有"创于宋，成于明，盛行于清"的说法。在《水浒传》"武松醉打蒋门神"中，武松就是使用了"玉环步，鸳鸯脚"的招法醉打蒋门神。饶阳、蠡县、固安一带是河北戳脚的发源地，也是流传较广的地域。相传河北戳脚首传人为赵洛灿，在饶阳戳脚界流传的

---

①戚继光. 纪效新书（18卷本）[M]. 曹文明，吕颖慧，校释. 北京：中华书局，2001：229.
②德虔. 少林武术大全（下）[M]. 北京：北京体育学院出版社，1991：578.
③绵张拳 [EB/OL]. [2020-03-29]. http://sichr.cn/project-detail.php? PROJECT_ID=17373.

《戳脚十三脚歌诀》中有"祖祖辈辈念老灿"的说法。

戳脚招法是由其最根本的"八腿"组合演变而来的，即：丁、踹、拐、点、蹶、错、蹬、碾八法，武术界常称此八腿为"戳脚八根"。戳脚取龙、虎、猴、马、鸡、鹤等13种动物之动态，深化为39种劲道。其特点是速捷迅猛，速而不紊，迅而有序，虽目不暇接，而招式清晰（参见《沧州武术志》）。河北的戳脚有文趟子九趟、武趟子九趟共十八趟拳术套路。文趟子套路叫"八根"（"自转脚、玉环步、开石雷、似箭手、蹶子腿、走外、五花炮、十字捶"[①] 等）。武趟子套路也叫"九转连环鸳鸯脚"，各路可互接互换练习，故称"九转"；连连发出，环环相套，故称"连环"；有左必有右，有上必有下，左右互换，成双配偶，故称"鸳鸯脚"。文趟子特点是架式较小，动作严谨，风格灵活多变，重下盘；武趟子架式较大，动作舒展，矫捷刚健，重中上盘。

（七）六合拳

六合拳起源于沧州泊头，据《沧州武术志》介绍，明朝万历末年，侠士张明之首传泊头镇八里庄曹振朋，此后六合拳逐渐在泊头传播开来，并传至全国各地。六合拳以六合为理论基础和技术核心。拳法基本理论：东西南北上下为六合；阴、阳、起、落、动、静协调配合；心、意、气、力、胆、智协调配合；手、足、肘、膝、肩、胯协调配合。六合拳讲究"心与意合、意与气合、气与力合、手与足合、肘与膝合、肩与胯合"，这六合倘若运用自如劲力便可"发于脚、撑于腿、冲于胯、拧于腰、送于肩、开于手"[②] 称为六合劲，这也是该拳法取名六合拳的原因。

六合拳基本功有桩、腰、腿、掌、气五功；套路有前后六合拳、前后行门八式、五花炮、关东拳、关西拳等多套；器械以六合大枪、六合花枪、六合单刀、八仙剑、行者棒等。六合拳械均讲八母，如踢、打、摔、击、擒、拿、卸、点拳术之八母；劈、挂、缠、拿、剁、捋、进、封六合大枪之八母，以及六合花枪、六合单刀、六合剑、行者棒、双刀等八母。[③] 演练时，心意为先，招式舒展轻

[①] 宋君杰. 戳脚汇宗 饶阳戳脚·金刚锤 [M]. 北京：团结出版社，2015：2.
[②] 崔守禄，沧县地方志编纂委员会. 沧县志 [M]. 北京：中国和平出版社，1995：515.
[③] 沧州武术志编纂委员会. 沧州武术志 [M]. 石家庄：河北人民出版社，1991：33.

敏，手法连贯，稳中有动，动中有静，形化随意，势式相随，刚柔相济。技击实战时讲究后发制人，见招化招、以招破招、借力发力、以柔克刚、以快打慢、随机应变，使之化打结合，攻中有防，防中有攻，其招法灵活多变，攻防协调配合。

六合拳传播范围广，传人甚多，知名有双刀李凤岚、王殿臣、大刀王五（王正谊）、佟忠义等。2011 年，泊头市六合拳入选第三批国家级非物质文化遗产名录。

（八）燕青拳

燕青拳，又名迷踪拳、秘踪拳、迷踪艺、弥祖拳、颜青拳，相传为燕青所创，也有史料认为，燕青拳出自少林。河北燕青拳首传之人为孙通，被尊为一世祖，孙通之后，其徒分为五支，在沧州及周边流传。

燕青拳主要内容有迷踪拳架子、弹腿、迷踪拳一至六路、迷踪艺、十八翻、连手拳、五虎拳、大进拳、十八钩、八折、八打、挤不靠、四打、单刀、双刀、双剑、双钩、双抢、扑刀、行者棒、大枪、双拐、单拐等套路计百余种[①]。燕青拳的基本含义可归纳为"疾速、猝击、隐含、刚柔、虚实、变化"等。其风格和特点为：架势较小，腿法突出，拳脚相随，快慢具理，守中寓发，屈伸待机，虚实相辅，变化灵活，难以捉摸。实战时，讲求乘敌之势，借敌之力，借力打力。

燕青拳传人名家较多，如近代的霍元甲、姜容樵、郭锡山、陈凤歧等。众所周知的霍氏迷踪拳的源头为燕青拳。目前，燕青拳已经传播到全国各地，成为全国比较普及的一个拳种。2008 年沧州燕青拳入选第二批国家级非物质文化遗产名录，代表性传承人为陈敬宇。

[①] 中国非物质文化遗产保护中心. 第二批国家级非物质文化遗产名录简介［M］. 北京：文化艺术出版社，2010：774.

关东武术文化区域分布

第一节 黑龙江武术文化

一、黑龙江主要武术文化内容及地域分布

黑龙江武术多是由外地传入，主要来自河北、山东等地，如太祖拳、岳式鹰手拳、八极拳、螳螂拳等，但也有本土融合创新武术，如龙行门。此外，当地少数民族传统舞蹈如朝鲜族刀舞、鄂伦春斗熊舞等也蕴含原始武术元素。在此对黑龙江武术文化内容进行汇总，详见表2-1。

表2-1 黑龙江主要武术文化内容汇总

序号	名称	简介	代表性地域分布	备注
1	太极梅花螳螂拳	外来拳种，螳螂拳流派之一	哈尔滨市	
2	弹腿	外来拳种	哈尔滨市	
3	山西形意拳	外来拳种	哈尔滨市	
4	绵掌拳	外来拳种	哈尔滨市	
5	唐拳	外来拳种	哈尔滨市	
6	龙行门	黑龙江本土拳种	哈尔滨市	
7	岳式鹰手拳	外来拳种	齐齐哈尔市	
8	太祖拳	外来拳种	哈尔滨市、大庆市	
9	二郎拳	外来拳种	哈尔滨市	

续表

序号	名称	简介	代表性地域分布	备注
10	查拳	外来拳种	哈尔滨市	
11	八卦掌	外来拳种	牡丹江市	
12	少林拳	外来拳种	鸡西市、哈尔滨市	
13	白猿拳	外来拳种	齐齐哈尔市	
14	黑虎拳	外来拳种	七台河勃利县、鸡西市	
15	罗汉拳	外来拳种	牡丹江市	
16	劈挂拳	外来拳种	哈尔滨市、佳木斯市	
17	八极拳	外来拳种	哈尔滨市、佳木斯市	
18	七星螳螂拳	外来拳种，螳螂拳流派之一	哈尔滨市	
19	昆仑派无极门武功	地方武术	哈尔滨师范大学	省级非遗
20	陈式健身功	养生功法	黑龙江省归国华侨联合会	省级非遗
21	吴式太极拳	外来拳种，太极拳流派之一	哈尔滨市	省级非遗
22	陈式太极拳	外来拳种，太极拳流派之一	牡丹江市	省级非遗
23	尚氏形意拳	外来拳种，形意拳流派之一	齐齐哈尔市建华区	省级非遗
24	少林地功拳	又称滚堂拳、地行拳、犬术，民国期间由周耀武传入	哈尔滨市	省级非遗
25	意拳	外来拳种	哈尔滨市	省级非遗
26	花棍舞	民间舞蹈	绥化庆安县、齐齐哈尔市富拉尔基区	省级非遗
27	鄂伦春族斗熊舞	鄂伦春族传统舞蹈	伊春嘉荫县	省级非遗
28	朝鲜族刀舞	朝鲜族传统舞蹈	牡丹江市	省级非遗
29	蒙古族搏克	蒙古族传统体育	大庆杜尔伯特蒙古族自治县	省级非遗
30	传统刀剑锻造技艺	传统技艺	七台河市	省级非遗

续表

序号	名称	简介	代表性地域分布	备注
31	达斡尔族鲁日格勒舞	少数民族传统舞蹈	齐齐哈尔市梅里斯达斡尔族区	国家级非遗
32	金上京历史博物馆	人文景观，有古代兵器	哈尔滨市	
33	哈尔滨体育学院	高校	哈尔滨市	

二、黑龙江代表性武术文化内容介绍

(一) 龙行门

由刘志清始创，主要流传在哈尔滨。刘志清曾学八卦掌、通臂拳、迷踪拳、形意拳，后又学习龙形基本掌法。在龙形掌法的基础上，综合所学，博采众长，创出一套具有独特风格特点，并且体系完善的拳术，称为龙行门。内容主要为徒手（龙行掌）、器械（龙行剑、龙行刀、龙行枪、龙行棍）及对练（龙行对刺剑、龙行双钩、龙行方便铲）等[1]。基本技法为：步走龙行，摆扣变换，上盘下旋，左右穿挂，迂回曲折；手法用推、托、带、顺、搬、扣、拦、截、甩、弹、穿、插、豁等。风格特点是"身正步活，手眼相随，起伏转折，顿挫有威，行若游龙，连贯圆活，变化无穷"[2]。

(二) 岳氏鹰手拳

又称岳氏散手，鹰手拳，取鹰之爪利、膊坚、身捷、目锐之意，相传为宋代岳飞所传，并广泛传播于河北。后由河北雄县刘成友融合一些翻子拳等外家拳法（也称为鹰手翻子拳）而创，刘成友将"鹰爪、岳氏散手"传于陈子正，陈子正将其命名为鹰手拳[3]。陈子正于1915年到齐齐哈尔授拳，此后岳氏鹰手拳便在齐齐哈尔逐渐传播开来。陈子正将岳式鹰手拳在步法上进行改变，将原来的勾腿盘旋法改为直接上步，技法不变，但速度有所提高。技法是"抓拿擒打、翻崩肘

---

[1] 曲莉. 龙行武术研究 [D]. 昆明：云南师范大学，2014：4.
[2] 黑龙江体委武术挖掘整理组. 黑龙江拳械录 [M]. 哈尔滨：黑龙江体委武术挖掘整理组，1985：43.
[3] 王国谦，张济国，王国齐. 鹰手拳概述 [J]. 武当，2006 (7)：7.

靠；讲究一耗、二拿、三降、四守；分筋错骨、点穴闭气；沾衣如扣脉，刚柔静种求"①。代表性内容有：岳氏鹰手连拳五十路散手手法，岳式练拳八路等。

（三）朝鲜族刀舞

朝鲜族刀舞是朝鲜族代表性民间舞蹈，主要流传在吉林省延边朝鲜族自治州和黑龙江省牡丹江地区。朝鲜族刀舞以前多是穿插在巫舞中，最初主要形式是独舞，主要以表达农耕生产和朝鲜民族的英勇顽强为题材。随着社会发展，朝鲜族刀舞发展成为一种艺术，表演形式也由独舞发展为双人、三人、多人。刀的形制一般长为40厘米，宽5厘米。基本手法主要是"甩""刺""绕"，基本动作主要有"绕刀、夹刀、交叉替刀、交替抽刀、刀柄击地、合力绕刀等数十个"②。其特点是快速敏捷、穿刺有力、刚柔并济，细腻中有粗犷。2009年吉林的"延边朝鲜族刀舞"被评为吉林省省级非物质文化遗产，2011年黑龙江的"牡丹江朝鲜族刀舞"被列入黑龙江省级非物质文化遗产名录。

第二节 吉林武术文化

一、吉林主要武术文化内容及地域分布

吉林武术多是由外地传入，主要来自河北、山东等地。霍氏八极拳、四季拳、铁松遗真内功、五行通背拳等是吉林代表性武术拳种。此外，当地少数民族主要是朝鲜族，也有自己的特色武术，如朝鲜族打糕锤、朝鲜族刀舞、朝鲜族摔跤等，详见表2-2。

表2-2 吉林主要武术文化内容汇总

序号	名称	简介	代表性地域分布	备注
1	形式拳	外来拳种，来自河北	吉林市	

---

①黑龙江体委武术挖掘整理组．黑龙江拳械录［M］．哈尔滨：黑龙江体委武术挖掘整理组，1985：54．
②徐艺萌．东北地区朝鲜族刀舞的传承与发展研究［D］．延吉：延边大学，2019：13．

续表

序号	名称	简介	代表性地域分布	备注
2	迷踪拳	外来拳种	吉林市	
3	弹腿	外来拳种	延边朝鲜族自治州	
4	通臂拳	外来拳种	白城市	
5	螳螂拳	外来拳种	四平市、长春市	
6	佛汉拳	外来拳种	四平市	
7	太祖拳	外来拳种	四平市	
8	二郎拳	外来拳种	四平市	
9	四门拳	外来拳种，属少林派	长春市	
10	梅花拳	外来拳种	四平市	
11	六合拳	外来拳种	四平市、延边朝鲜族自治州	
12	花子拳	外来拳种	白城市	
13	三皇炮捶	外来拳种	白城市	
14	义和拳	外来拳种，源自山东	长春市	
15	捻拳	外来拳种，相传在捻军中练习的拳术	长春市	
16	戳脚翻子	外来拳种	四平市、白山市浑江区、吉林市	
17	燕青拳	外来拳种	延边朝鲜族自治州、通化市	
18	地功门	外来拳种，又称地躺拳	公主岭市	
19	鹰爪拳	外来拳种	白山市	
20	武子拳	外来拳种，属武当派武子门	白城市	
21	太师拳	外来拳种	延边朝鲜族自治州	
22	关东拳	外来拳种	白山市	
23	南拳	外来拳种	辽源市、长春市	
24	连枷术	地方拳械	延边朝鲜族自治州	

续表

序号	名称	简介	代表性地域分布	备注
25	打糕锤	朝鲜族武术拳械	延边朝鲜族自治州	
26	太极元功拳	外来拳种，归属太极拳	吉林市	
27	四季拳	地方拳种，以四季之风为拳理	四平市	
28	霍氏八极拳	吉林代表性拳种之一，以霍殿阁为代表的八极拳流派	长春市	
29	鸭形拳	地方拳种，象形拳之一	长春市	
30	武术铁松遗真内功	武术功法	吉林市	省级非遗
31	五行通背拳	通背拳流派之一	东北师范大学	省级非遗
32	梅花螳螂拳	螳螂拳流派之一	四平市	省级非遗
33	太极五行通背拳	通背拳流派之一	松原市宁江区	省级非遗
34	吴图南太极拳	太极拳流派之一	长春市	省级非遗
35	吉林市尹氏八卦掌	八卦掌流派之一	吉林市	省级非遗
36	朝鲜族刀舞	朝鲜族传统舞蹈	延边图们市、延边朝鲜族自治州	省级非遗
37	朝鲜族摔跤	朝鲜族传统体育	延边延吉市	省级非遗
38	蒙古族射箭	蒙古族传统体育	松原前郭县	省级非遗
39	吉林体育学院	高校	长春市	
40	霍氏八极拳研究会	武术组织	长春市	
41	集安高句丽墓室壁画	文物遗迹	通化集安市	

二、吉林代表性武术文化内容介绍

（一）霍氏八极拳

霍氏八极拳是霍殿阁为代表所传的八极拳，主要分布在长春，此外还有吉林、四平、通化、延边、白城、辽源等地。霍殿阁八极拳师承河北沧州李书文，霍殿阁根据李书文交手时惯用的技法，结合自己的实践和体会，组编了"应手拳"，又将原来的"六大开"，即"顶、抱、掸、提、挎、缠"基础加上"霸王折江"和"朝阳手"（"折、朝"），成为霍氏独有的"八大开"[①]；从武当山的高仙云道长那里吸收了"板功"同"球功"等功法，充实了霍氏八极拳的内容。后霍殿阁及其师兄周馨武到长春开馆授徒，八极拳在吉林开始广泛流传，形成了"霍氏八极拳"。其技法特点是动作紧凑质朴，套路短小精悍，发力爆烈充实、突然，并伴有哼哈二气，以气催力。趋避快捷，不丁不八（四六步法），振脚闯步，发招开声，挨膀依靠，以短制长。出版有《霍氏八极拳谱》《霍氏八极拳拳理》《霍氏八极拳专辑》等。

（二）四季拳

据四季拳传人所说，四季拳为宋初高士季所创，一直以家族形式流传，东北地区目前主要在吉林省四平一带流传。四季拳将春夏秋冬四季之风劲揉入拳法中，并以十二正经、奇经八脉的经络学说以及气功导引理论为基础。主要内容除徒手、器械、对练、功法外，还有技击特技：十二绝命腿，司天阴手定位掌，飞鞭击靶，抛鞭过钱，飞镖、飞刀等。主要技法为挑撩劈崩，砸拧滚腾，搜挂剪封，牵抽摆晃。其风格特点是"动作规整，简练清晰，劲力多变而顺达，刚柔相济，绵硬相兼，气力相合，精神相辅，从气催力，技法全面"[②]。

（三）朝鲜族摔跤

摔跤是朝鲜族历史悠久的民族传统体育项目，吉林省延边朝鲜族自治州素有"摔跤之乡"的称号。传统朝鲜族摔跤分为攻击式和回旋防御式。在此基础上能够变化出上百种进攻、防御组合技术。比赛开始，双方面对面双膝跪地，各用右手抓住对方的腰带，左手抓住对方的腿带，相互搂住对方的右肩。双方各自抓摔跤带，听裁判员"起"的口令，慢慢地起来，保持右手抓住对方的腰带，左手抓住对方的腿带，相互搂住对方右肩的站立姿势不动，等裁判员鸣哨比赛。当场上裁判员鸣哨宣布比赛开始时，双方同时用力并通过内勾、外勾、箍脖和抱腿

[①]刘锡江，赵树森．南皮武术：南皮县文史资料·武术专辑［M］．沧州：南皮县纹饰办公室，2005：31.
[②]吉林省武术挖掘整理组．吉林省拳械录［M］．长春：吉林省体育运动委员会，1985：95-97.

等技术，"将对方摔倒，一方膝以上的身体任一部位着地即为负。每场比赛采用3局2胜制，每局时间3分钟"①。2011年朝鲜族摔跤被列入国家级非物质文化遗产扩展名录。

第三节 辽宁武术文化

一、辽宁主要武术文化内容及地域分布

辽宁是关东武术的主要分布地，也是关东武术的代表。少北拳、通背拳、戳脚翻子、罕王拳、鸳鸯拳等是辽宁武术代表性拳种。沈阳北市"摔跤"、本溪"武社火"是极具地域特色的武术文化内容。为了便于直观展现辽宁各地武术文化内容，现将其进行汇总，详见表2-3。

表2-3 辽宁主要武术文化内容汇总

序号	名称	简介	代表性地域分布	备注
1	金州梅花螳螂拳（六合棍）	螳螂拳流派之一	大连市金州区	省级非遗
2	辽阳逍遥门武功	辽阳地方拳种，自山东传入，创始人为江西人任逍遥	辽阳市文圣区	省级非遗
3	螳螂拳	外来拳种	沈阳市皇姑区	省级非遗
4	五行通背拳	通背拳流派之一	沈阳体育学院	省级非遗
5	鸳鸯拳	又名地宫鸳鸯拳，拳有阴阳、雌雄之分②	沈阳体育学院	省级非遗
6	少北拳	辽宁本土拳种	锦州市	省级非遗
7	鞍山内功老六路太极拳	太极拳流派之一	鞍山市	省级非遗
8	郝家门五行通背拳	通背拳流派之一	本溪市	省级非遗
9	戳脚	外来拳种	沈阳市	

---

①摔跤（朝鲜族摔跤）[EB/OL].[2020-03-16]. http：//www.ihchina.cn/project_details/13817/.
②周连科，佟昭，宋晓冬.辽宁文化记忆 非物质文化遗产（上）[M].沈阳：辽宁人民出版社，2014：240.

续表

序号	名称	简介	代表性地域分布	备注
10	翻子	外来拳种	沈阳市	
11	劈挂	外来拳种	沈阳市	
12	八极拳	外来拳种	沈阳市	
13	弹腿	外来拳种	沈阳市	
14	三皇炮捶	外来拳种	丹东市、抚顺市、大连市	
15	猿功拳	外来拳种	沈阳市	
16	罗汉拳	外来拳种	鞍山市	
17	太祖拳	外来拳种	沈阳市	
18	迷踪拳（燕青拳）	外来拳种	沈阳市、大连市	
19	自然门	外来拳种	沈阳市	
20	程派八卦掌	八卦掌流派之一	沈阳市	
21	戴家心意六合拳	心意拳流派之一	沈阳市、铁岭市	
22	七星螳螂拳	螳螂拳流派之一	大连市、沈阳市	
23	尚派形意拳	形意拳流派之一	沈阳市	
24	罕王拳	满族武术	沈阳市	
25	少林拳	外来拳种	沈阳市	
26	查拳	外来拳种	沈阳市	
27	大刀张举刀拉弓杂技表演艺术	民间杂技	锦州市	省级非遗
28	沈阳北市"摔跤"	源于清朝满式摔跤布库游戏，又称相声，体育、文化、娱乐项目	沈阳市和平区	省级非遗
29	本溪"武社火"	传统民俗，又称"武秧歌"，以故事为主体，手持兵器的排兵布阵和捉对厮杀	本溪满族自治县	
30	沈阳故宫博物院	人文景观	沈阳市	
31	东北讲武堂	武术遗迹	沈阳市	
32	大连武术文化博物馆	人文景观	大连市	

续表

序号	名称	简介	代表性地域分布	备注
33	沈阳体育学院	高校	沈阳市	
34	三皇炮捶研究会	武术组织	沈阳市	
35	八旗武馆	武术馆校	沈阳市	
36	戳脚翻子拳协会	武术组织	沈阳市	

二、辽宁代表性武术文化内容介绍

（一）戳脚翻子拳

辽宁戳脚和翻子拳原为两个拳种，源于河北，因两个拳种之间相互学习，形成了戳脚和翻子拳兼习的情况。清末民初年间，沈阳的胡奉三在河北段氏兄弟门下专习戳脚拳。河北徐兆熊闯关东到沈阳授徒传艺，专教翻子拳及戳脚拳，得其精华者有沈阳的郝鸣九和杨俊峰。"后来胡奉三以戳脚拳的精髓结合原本已经习练的少林拳和形意拳创立了胡家拳，后命名为戳脚文趟子拳"①，于是东北戳脚就形成了"文趟子"和"武趟子"。根据风格不同，郝鸣九、杨俊峰习练的戳脚被命名为武趟子戳脚，其特点是：武美刚劲，放长击远，注重中高腿法，讲究直取强攻。胡奉三的拳法风格是动作严谨灵活，注重低腿法，即命名为文趟子戳脚。后经于伯谦等人的发展，慢慢形成了东北的戳脚翻子拳。戳脚主要腿法有"丁、踹、拐、点、蹶、错、蹬、踩"②八腿。翻子拳风格以出手敏捷，"中直八刚十二柔"，具有"双拳密如雨，脆快一挂鞭"的特点。戳脚具有开展大方、灵活快变、放长击远的风格。两个风格拳种熔为一炉，相辅相成、相映生辉。因此人们将戳脚、翻子视为一家，实为两个拳种。③

（二）少北拳

少北拳被认为是土生土长的东北武术，创始人为张荣时。关于少北拳名称的

---

①郭梦影. 辽宁戳脚翻子的传承脉络梳理与技术体系构建的探析 [D]. 沈阳：沈阳体育学院，2014：14.
②胡星五，梁德君. 戳脚——文趟子拳 [M]. 沈阳：辽宁科学技术出版社，1986：14.
③杨洪茂. 沈阳武林志 [M]. 沈阳：沈阳出版社，2006：44.

由来，张荣时认为："我这门武术，是由少林里边脱胎而来的，所以就把少字打头，另外毕竟是北方人所创建的，由东北地区发展起来的，所以就起名叫'少北'"①。少北拳主要流传在锦州、葫芦岛、大连等地，是在融合少林拳、八极拳、滑掌拳等六种拳法的基础上创编而成。1996年，原国家体委武术运动管理中心组织专家评审组对其进行评审，认为少北拳为"源于少林而又有创新，且别于少林的一个拳种"。其主要内容为"双功""四术"。双功：阴功九术，阳功六根。四术：拳术、器术、功术、巧术。拳术又分为长拳，短打，破拿，巧遁；器术有六合枪、少北大刀、绳镖、少北群锋剑等30多种；功术主要有铁砂掌、金钟罩等少北十八艺；巧术有"杠上、绳上、链上、地上、网上、桩上、板上、杆上、人上"九上技能技巧，劲力以"点刚力"为主。少北拳的拳风特点是"搭手上下（手足）齐开、发力刚猛神速、连锋相扣凌厉、击防进退有序"②。

(三) 罕王拳

罕王拳为满族武术代表，相传创始人为金朝夹谷胡剌，后传至明代辽东总兵佟登。努尔哈赤起兵后，佟家功夫又传至罕王旗下，并由此被称为"罕王拳"。据辽宁电视台《精武辽宁》栏目报道，罕王拳徒手技击内容有打、拿、摔、点穴；套路有拳术、罕王拳和罕王掌；基本功有基本打法和桩功。基本打法有炮、搓、架、点、勾、拐六种；桩法有托塔桩、伏虎桩、六打桩等。器械有刀、棒、剑、钩刀、梨花刀、追风枪、双手带等。其中勾刀为罕王拳的特色兵器，有"兵中之王"美誉，在长刀把位置有一个鹰嘴勾，用来勾拿对方长兵器，拿住对方兵器的同时用罕王刀进攻对方，被称为兵器的克星。此外罕王长刀、罕王马棒也是特色兵器，体现马上作战的特色。罕王拳目前主要在沈阳流传，代表人为八旗武馆佟生武。

---

①迟秀才. 老乡话东北（上）[M]. 长春：吉林人民出版社，2007：155.
②徐烈. 关东武术文化研究 [D]. 上海：上海体育学院，2010：29.

第三章 漠南武术文化区域分布

一、内蒙古主要武术文化内容及地域分布

漠南是文化区域概念，具体位置指今天的内蒙古自治区。内蒙古武术以蒙古族游牧文化为特色，如蒙古族搏克、射箭等。同时许多北方拳种，如山西形意拳、河北八卦掌、六合拳等也流入内蒙古。阴把枪、弹腿砸拳、三才翻子拳等是内蒙古代表性武术内容。现将其主要内容进行汇总，详见表3-1。

表3-1　内蒙古主要武术文化内容汇总

序号	名称	简介	代表性地域分布	备注
1	形意拳	外来拳种	呼和浩特市、乌兰察布市、包头市、巴彦淖尔市、乌海市	
2	八卦掌	外来拳种	呼和浩特市、包头市、乌兰察布市、巴彦淖尔市	
3	回族查拳	外来拳种	呼和浩特市回民区	自治区非遗
4	少林拳	外来拳种	呼和浩特市、赤峰市等	
5	黑虎拳	地方拳种	呼和浩特市、乌兰察布市	
6	六合拳	外来拳种	乌兰察布市、巴彦淖尔市、包头市、乌海市	
7	弹腿砸拳	地方拳种，属弹腿门	赤峰市	

续表

序号	名称	简介	代表性地域分布	备注
8	阴把枪（阴把缠枪）	地方拳械	包头土默特右旗	自治区非遗
9	燕青拳	外来拳种	兴安盟乌兰浩特市	自治区非遗
10	三才翻子拳	翻子拳流派之一	乌海市	自治区非遗
11	十三太保武术内养功	传统功法	乌海市海勃湾区	自治区非遗
12	太极八卦掌	地方拳种	呼和浩特市	自治区非遗
13	武社火	民俗	呼和浩特托克托县、包头萨拉齐镇	
14	武秧歌（双墙秧歌）	传统舞蹈	呼和浩特托克托县河口镇双墙村	自治区非遗
15	英雄会	手持刀、枪、剑、戟等十八般兵器，以跌扑格斗为主要表现形式的民间戏曲舞蹈节目①	赤峰市红山区	
16	沙力搏尔摔跤	卫拉特蒙古族传统体育，是世界上唯一的在沙滩上进行的摔跤项目	阿拉善盟阿拉善左旗	自治区非遗
17	蒙古族搏克	蒙古族传统体育	锡林郭勒盟东乌珠穆沁旗	自治区非遗
18	达斡尔摔跤	达斡尔族传统体育	呼伦贝尔莫力达瓦达斡尔族自治旗	
19	乘马射箭	蒙古族传统体育	阿拉善盟阿拉善左旗	自治区非遗
20	蒙古族射箭（乌珠穆沁射箭）	蒙古族传统体育	锡林郭勒盟西乌珠穆沁旗	自治区非遗
21	蒙古族射箭（萨仁靶射箭）	蒙古族传统体育	赤峰巴林右旗	自治区非遗
22	达斡尔射箭（哈日博贝）	达斡尔族传统体育	呼伦贝尔莫力达瓦达斡尔族自治旗	
23	鄂伦春人射箭（夏巴）	鄂伦春族传统体育	呼伦贝尔鄂伦春自治旗	
24	达斡尔猎刀制作技艺	传统技艺	呼伦贝尔莫力达瓦达斡尔族自治旗	自治区非遗

---

①《中华舞蹈志》编辑委员会. 中华舞蹈志：内蒙古卷［M］. 上海：学林出版社，2014：345.

续表

序号	名称	简介	代表性地域分布	备注
25	蒙古刀制作技艺	传统技艺	呼伦贝尔市	自治区非遗
26	鄂温克刀剑铸造技艺	传统技艺	呼伦贝尔根河市	自治区非遗
27	阴山岩画	武术遗迹	巴彦淖尔磴口县	
28	辽上京博物馆	武术景观	赤峰巴林右旗	
29	蒙古弯刀	武术文物	内蒙古博物馆、成吉思汗陵博物馆	
30	那达慕	赛马、射箭、摔跤，有些也有武术等内容	呼伦贝尔市、锡林郭勒盟、乌兰察布市、鄂尔多斯市、巴彦淖尔市等	

二、内蒙古代表性武术文化内容介绍

（一）阴把枪（缠枪门）

阴把枪因前手阴手握枪而命名，阴手即手心向下，两手虎口相对，前手反握枪，长兵可短用，使枪棍用法可以相互转换，技击性强。主要流传在呼和浩特、包头一带，最早传承人为赵老同，据《绥远通志稿》中介绍："赵老同，山东人，清咸丰同治年间游塞外，久居内蒙古萨拉齐。精武术，尤擅阴把枪法，一名缠枪，彼时国内称为独传，绥人得受此枪法，实自老同始。"[1] 最初只有基本枪法，民国时期，绥远国术馆吴桐创编了阴把枪套路。阴把枪主要技法在于"缠"，以螺旋式的缠绕为其主要运动形式，阴手握枪，扩大了腕关节的活动范围，使前手成为活动性的支点，从而使这一圆神的圈枪之母转动得更加圆润灵活，故名"缠枪"。反手握枪，以里"披、外展、扎"为主要枪法，练习时要求顺步顺势，分朝顶枪、中平枪、拖枪几种练法，因此阴把枪又称"八卦朝顶缠枪"[2]。练习方式注重两人对练、对拉，以实战训练为主。

---

[1]绥远通志馆．绥远通志稿［M］．呼和浩特：内蒙古人民出版社，2007：329．
[2]内蒙古武术挖掘整理小组．内蒙古拳械录［M］．呼和浩特：内蒙古体委群体处，1985：36．

（二）砸拳

砸拳是流传在内蒙古赤峰市的单项拳种，属弹腿门的代表性套路，主要在回民中流传，赤峰的张文玉为第六代传人。由《中国武术人名辞典》可知，张文玉，回族，内蒙古赤峰人，原籍河北沧州，教门弹腿派传人，1921年从祖父张明山习武，1931—1935年继续从师田玉学武，后融会贯通，自成一派[①]。由《内蒙古拳械录》可知，内蒙古砸拳由河北沧州回民传入，属张家历代家传武艺，砸拳对下肢和功力要求极高，拳架匀称工整，动作姿势舒展，发力刚猛，灵活多变，刚柔相济。练习时要求上下协调，前后连贯，身法自如，形神合一。

（三）三才翻子拳

三才翻子拳为内蒙古自治区区级非物质文化遗产，是以"天地人"三才为理，以翻子拳为法的拳种。拳理中又将三才应用于人体，"分为上、中、下三盘；头手足，肩肘手，足膝胯各三节，讲究人体小三才和宇宙大三才合而为一"[②]。三才翻子拳有套路、单操、功法、器械等内容，讲求直取快攻对方要害，并且持续不断地攻击，使对方无还手之机。

[①]昌沧，周荔裳.中国武术人名辞典[M].北京：人民体育出版社，1994：399.
[②]张蒙军.三才翻子拳法述真[J].精武，2007（5）：49.

第四章 西域武术文化区域分布

一、新疆主要武术文化内容及地域分布

西域是文化区域概念，地域范围为现在的新疆维吾尔自治区。新疆武术多是由甘肃及其他地区的工业、商业移民，建设兵团等传入。八门拳是新疆最主要武术拳种，此外查拳、马氏通备拳、天启棍等也是其代表性拳种。本地域少数民族射箭、维吾尔族且力西、马上竞技等也是极具民族特色的武术内容。此外，还有大量岩画、壁画中的武术遗迹。现对新疆主要武术文化内容进行汇总，详见表4-1。

表4-1　新疆主要武术文化内容汇总

序号	名称	简介	代表性地域分布	备注
1	八门拳	新疆主要拳种，由甘肃传入	乌鲁木齐市	
2	马氏通备拳	新疆主要拳种，主要由甘肃传入	乌鲁木齐市	
3	天启棍	外来拳械，由甘肃临夏传入	乌鲁木齐市	
4	意拳	外来拳种	乌鲁木齐市、伊犁哈萨克自治州	
5	钟家教拳法	外来拳种	喀什地区	
6	迷踪拳	外来拳种	伊犁哈萨克自治州	
7	形意拳	外来拳种	乌鲁木齐市、石河子市、哈密市	
8	查拳	外来拳种	乌鲁木齐市、昌吉回族自治州	

第四章 西域武术文化区域分布

续表

序号	名称	简介	代表性地域分布	备注
9	通背拳	外来拳种	乌鲁木齐市	
10	戳脚	外来拳种	石河子市	
11	翻子	外来拳种	石河子市	
12	红拳	外来拳种	伊犁奎屯市	
13	八卦掌	外来拳种	巴音郭楞库尔勒市、吐鲁番市	
14	克孜尔石窟	文物古迹，有舞剑图	阿克苏拜城县	
15	罗布淖尔狮子舞	民族舞蹈，模仿狮子行动、捕食和打斗动作及神态	巴音郭楞尉犁县尉犁镇、墩阔坦乡和喀尔曲尕乡	
16	乌孜别克族《夏米来尔》（勇士舞）	民族舞蹈。为女英雄夏米来尔所作，手持短刀的舞蹈表演	伊犁伊宁市、霍城县	
17	达瓦孜中的武术	地面表演有武术、飞刀等，在高索上进行斗剑表演	喀什英吉沙县	
18	那达慕草原节	有蒙古族式（搏克）、维吾尔族式（且力西）、哈萨克式（库热斯）等摔跤	博尔塔拉蒙古自治州	
19	少数民族传统体育运动会暨阿肯阿依特斯大赛	民族体育赛事	哈密巴里坤哈萨克自治县	
20	柯尔克孜族马背对刺、马上角力	民族体育项目	克孜勒苏柯尔克孜自治州	
21	跨驼比武	骑驼手持大刀，跨越障碍，抡刀砍两边的木桩、草人。在规定时间内，越过全部障碍，将两边的目标全部砍掉获胜[1]	克孜勒苏柯尔克孜自治州	
22	奇台武术	地方武术	昌吉奇台县	

---

[1] 李德洙，毕桴. 中国民族百科全书（14）：哈萨克族、柯尔克孜族、塔吉克族、塔塔尔族卷 [M]. 西安：世界图书出版西安有限公司，2015：344.

续表

序号	名称	简介	代表性地域分布	备注
23	巴里坤社火	地方民俗	哈密巴里坤哈萨克自治县	
24	奇台社火	地方民俗	昌吉奇台县	
25	塔城社火	地方民俗	伊犁塔城地区	
26	新疆汉族社火	地方民俗	昌吉玛纳斯县	自治区级非遗
27	新疆社火	地方民俗	昌吉回族自治州	自治区级非遗
28	蒙古族搏克	民族体育	塔城乌苏市	自治区级非遗
29	锡伯族射箭	民族体育	伊犁察布查尔锡伯自治县	自治区级非遗
30	哈萨克族库热斯（摔跤）	民族体育	阿勒泰市	自治区级非遗
31	哈萨克族马上竞技	马上角力，也称马上摔跤	阿勒泰福海县、哈巴河县文化馆、伊犁昭苏县	自治区级非遗
32	维吾尔族且力西（摔跤）	民族体育	喀什岳普湖县	国家级非遗
33	锡伯族弓箭制作技艺	传统技艺	伊犁察布查尔锡伯自治县	国家级非遗
34	维吾尔族传统小刀制作技艺	传统技艺	喀什英吉沙县	国家级非遗
35	兴地岩画对打图	文物古迹	巴音郭楞尉犁县古勒巴格乡	
36	木垒县博斯坦牧场塞人武事岩画	有持矛和射箭图等	昌吉木垒哈萨克自治县	
37	中华弓箭文化博物馆	人文景观	伊犁察布查尔锡伯自治县	
38	唐代棍术俑、彩绘胡人习拳俑	文物	吐鲁番阿斯塔那古墓群	
39	伊犁将军府	有武术器械等相关内容	伊犁霍城县	
40	哈密回王府	文物遗迹内有军事武术、武术器械等内容	哈密市	
41	新疆八门拳研习会	武术组织	乌鲁木齐市	
42	新疆自强武学研习会	武术组织	乌鲁木齐市	

二、新疆代表性武术文化内容介绍

（一）新疆八门拳

八门拳是新疆历史较长、流传范围最广的武术拳种，遍及全区，源自甘肃。其内容包括捶拳、单拳、封手三个层面的拳术、器械、对练以及模拟实战的跑拳、棍排等。新疆八门拳在此基础上又有所创新，如"将金刚指、鹰爪功、手指穿冰、十三太保基本功等多种功法充实到八门拳的功力训练中"[1]。更大的创新还是融入了地方文化，如在2014年中国武术博物馆传统武术展演活动中表演的以天山文化为主元素的天山玉龙掌、戈壁单刀、西虹剑等，都属于八门拳的新内容。

（二）维吾尔族且力西（摔跤）

摔跤是我国少数民族的主要体育项目之一。具有代表性的有藏族式摔跤"北嘎"、蒙古族式摔跤"搏克"、回族式摔跤"绊跤"、维吾尔族式摔跤"且力西"、彝族式摔跤"格"、朝鲜族式摔跤"希日木"等。"且力西"在现代维吾尔语中的含义是"搏斗、较量"，是维吾尔族先民尚武、强壮体魄、崇敬英雄等民俗传统的遗存。且力西活动主要分布于新疆和田、阿克苏、吐鲁番、喀什岳普湖县、英吉沙县、麦盖提县、巴楚县等维吾尔族聚居区，通常在民族节日举行。比赛场地一般在沙漠上，没有固定摔跤服，双方都要系上宽松的腰带，为了区别，一方是红色，另一方则是蓝色或是其他颜色。双方抓好对方腰带后开始比赛，双方的摔跤手不允许头对头，双方头的位置必须在对方的肩上，不允许抱后腰，身上不允许带匕首或是其他硬器[2]。且力西没有年龄和体重等级之分，用扛、勾、绊脚等动作将对方摔倒（肩胛骨着地、侧身着地或臀着地）为胜。岳普湖县的维吾尔族且力西是其代表，已经被列入国家级非物质文化遗产名录。

---

[1] 刘祥友. 西域武术文化研究 [D]. 上海：上海体育学院，2018：106.
[2] 孙大卫. 新疆百科图志：人文地理卷（2）[M]. 乌鲁木齐：新疆美术摄影出版社，2014：123.

(三) 马上竞技

新疆是游牧文化的代表地域，各少数民族的马上竞技项目种类繁多，哈萨克族的马上角力和柯尔克孜族马背对刺是与武术有渊源的代表性项目。马上角力也称马上摔跤，相传源于古代作战时马上擒拿敌人，双方只许用手臂手拉手地将对方拉下马，不得抓对方手臂外的任何部位，也不得抓对方的衣服或马鞍，以把对手摔下马或把对手抱至自己马上为胜[1]。马背对刺是柯尔克孜族的特色项目，据传存在于新疆最西端的克孜勒苏州，是手持一根长矛（长木棍），以棍法作为长枪法，通过相击、格挡、相持等技术，通过迎面相遇而战或追击回马而战，以把对方打落马下为胜，与古代骑兵作战相类似。马背对刺是比速度、较力量、比反应、拼耐力，更是比勇气的对抗项目，体现了柯尔克孜族勇猛顽强的尚武精神。

---

[1] 林继富. 中国民间游戏总汇：角力卷 [M]. 长沙：湖南文艺出版社，2016：138.

第五章 青藏武术文化区域分布

第一节 青海武术文化

一、青海主要武术文化内容及地域分布

青海地处青藏高原东部，高原与农耕文化的过渡地带，受甘肃武术的影响明显，八门拳是青海历史较长、分布较广的拳种，另外马氏通备拳、查拳亦多有流传，藏族武术以严永仓的严家藏拳为代表。另外，藏族射箭、武士舞也是其特色内容，详见表5-1。

表 5-1 青海主要武术文化内容汇总

序号	名称	简介	代表性地域分布	备注
1	青海八门拳	源于兰州，青海省历史较长、流传较广泛的拳种	西宁市为主，遍及全省	省级非遗
2	马氏查拳	查拳流派，从河南传入青海	西宁市	
3	马氏通备拳	外来拳种，青海主要拳种之一，主要由兰州传入青海	西宁市	
4	精义拳	地方拳种	西宁市	
5	大有山武术	青海省命名的"青海省第一个武术之乡"，村民有世代练武的传统，系统保留了西北许多民间拳种	西宁湟中县海子沟乡大有山村	省级非遗
6	十轮天齐棍	源于临夏天启棍，是临夏天启棍在青海传承发展的代表	西宁市	

· 043 ·

续表

序号	名称	简介	代表性地域分布	备注
7	严家藏拳	藏族武术	西宁湟中区（原湟中县）	
8	青海省穆斯林武术馆	1992年成立于西宁	西宁市	
9	青海省八门拳研究会	1989年成立于西宁	西宁市	
10	南山射箭	乐都南山地区历史悠久的民间传统体育项目，也是一项民俗活动	海东市乐都区	国家级非遗
11	五彩神箭	尖扎被称为中国的箭都，五彩神箭是其文化名片	黄南藏族自治州尖扎县	
12	武士舞（锅哇）	玉树地区的民间舞蹈，手持兵器的祭祀性舞蹈	玉树藏族自治州	国家级非遗
13	大通傩舞老秧歌	春节期间的民俗活动，传统的逐疫傩舞	西宁大通回族土族自治县	
14	玉树藏刀	藏族传统制刀技艺的代表，打造精致，装饰华丽，刀鞘常点缀着宝石	玉树藏族自治州	国家级非遗

二、青海代表性武术文化内容介绍

（一）青海八门拳

青海八门拳源于甘肃兰州，"清末由青海著名拳师马怀德（尕爷）和兰州拳师闵世杰（金蛤蟆）等传入青海"[①]，主要流传地域在西宁，全省其他地域也有流传。基本技术中，手法以"展"为代表，如梅花展、蝴蝶展；下盘以"跤法"为代表，如里跤、外跤、中字跤等。套路分为：单拳、捶拳和封手三大类。有炮拳、撕拳、登州捶、封手八快等。另外还有兼有对抗和对练性质的"排子"，徒手称为"跑拳"，器械称为"棍排子"。

[①]王明伟. 青藏武术文化研究[D]. 上海：上海体育学院，2016：103.

（二）严家藏拳

严家藏拳分布在西宁市湟中区（湟中县），代表人为严永仓。严家藏拳有刀、打狗棒、打牛鞭、箭、袖筷（暗器）等器械，但其代表性的是藏刀短刀技术。藏刀短刀技术没有套路，只有单个动作，根据狩猎和搏斗技术创编而成，有"雄鹰啄蹄、喇嘛祭刀、牦牛闯阵、举羊式"等。常利用藏族宽大衣物遮挡，突然攻击要害部位，招式凶猛，简洁实用。

（三）南山射箭

射箭是青海少数民族主要文化内容，具有丰富的文化内涵和群众基础，南山射箭是其典型代表，南山射箭是流传于青海省海东市都乐区南山地区的传统体育项目，同时也是一项历史悠久的民俗活动，目前是国家级非物质文化遗产。明代时传入南山当地，至清代成形，历数百年而不衰。每年农历四月前后，汉、藏民众都在各村集中组织传统射箭训练，端午节期间进行比赛。射箭比赛同时也是当地民间文艺"花儿"的交流盛会，成为具有地方特色的狂欢盛会。

（四）锅哇（武士舞）

"锅哇"是青海省玉树藏族自治州特有的一种风格独特的礼仪性民间舞蹈，是藏族舞蹈的典型代表。"锅"在藏语中指兵器，"哇"指舞者，因此合起来就是"持兵器的舞者"。舞者皆为男性，表演队形以转圈为主，旌旗导前，长号开道，一人击钹领舞，其后有一至两名持剑拿盾的舞者，其余皆持剑握弓，随着领舞者的击钹、击节而舞[1]。该舞气势宏大、古朴凝重，展现了一种战斗的场景风格，被誉为"藏族仪仗舞"。2014年，锅哇被列入第四批国家级非物质文化遗产名录。

---

[1] 王小梅. 江河之源青海［M］. 北京：中国旅游出版社，2015：128.

第二节　西藏武术文化

一、西藏主要武术文化内容及地域分布

西藏是藏文化核心地带，武舞是代表性武术内容，从远古岩画武舞可以领略西藏武术的源远流长。目前仍然存在着以珞巴族刀舞、门巴族刀舞为代表的武舞，虽然刀舞多为祭祀性舞蹈，然亦富含武术技术动作。白嘎是明显具有武术特征的藏族器械，并形成了套路。西藏刀文化鲜明，用刀、制刀、舞刀盛行，许多地方以制刀闻名。现将本地域主要武术文化内容进行汇总，详见表5-2。

表5-2　西藏主要武术文化内容汇总

序号	名称	简介	代表性地域分布	备注
1	喇嘛派拳术	藏族武术代表，简洁实用	西藏	
2	白嘎	集牛皮绳和短棒于一体的武术器械，兼有短器械和软器械的特点	西藏东南地区	
3	珞巴族刀舞	表现狩猎场景的祭祀性舞蹈，有劈、砍、挍、刺等武术动作	林芝市、山南市	
4	门巴族刀舞（枕呛木）	门巴族巫术舞蹈，手持长刀，舞姿激烈奔放	门隅地区和林芝墨脱县，山南错那县的勒布	
5	拉孜藏刀	藏刀的代表，工艺精良，装饰精美	日喀则拉孜县	国家级非遗
6	朗玛卡嘎藏刀	传统技艺	日喀则谢通门县	
7	易贡藏刀	易贡山上开采的三种铁组合起来才能打造，刀长、锋利，历史悠久，藏刀文化代表	林芝市波密县	
8	藏北加林岩画习武图	手持器械演武征战的岩画	那曲市申扎县绒马区加林山	

续表

序号	名称	简介	代表性地域分布	备注
9	丁穹拉康洞穴岩画	表现持盾牌、刀等交战场景的岩画	阿里地区日土县乌江村境内	
10	当雄扎西岛岩画	有持斧刀剑等狩猎、征战的画面及武士图	那曲市当雄县纳木湖东岸扎西乌洞穴	
11	布达拉宫摔跤壁画	有多处、多人的摔跤图、射箭图	拉萨布达拉宫	
12	桑耶寺壁画	有拳击、气功、摔跤等内容	山南市扎囊县桑耶镇境内	
13	格萨尔唐卡	摔跤图，有弓箭等内容	拉萨市（西藏博物馆）	

二、西藏代表性武术文化内容介绍

（一）白嘎（藏族武术器械）

白嘎是一种典型的藏族武术器械，因地域不同，名称又有所不同，甘肃、青海藏区又称"果日考""果儿考"等。用牛皮绳的一端系于二尺木棒把端，绳另一端结成绳套，牛皮绳长度根据个人的需要而定。使用时，用手握住棍棒的把端，把绳套套在手上，这样既可以用木棒击打，又可以放长击远将木棒甩出击打距离自己身体较远位置的目标，"棍棒有敲、戳、劈、撩等技法，皮绳有抽、绞、套、勒等技法，时而像长棍，时而如绳标，时而又像鞭与匕首，变幻莫测"[1]。集短棍和软器械二者优点于一身，做到长短兼施、软硬兼备。经过多年发展，白嘎已形成自己的套路。白嘎不但制作简易，而且携带方便，特别适宜于穿藏袍的同胞随身携带。白嘎术还是节日集会上很受欢迎的表演项目之一，有徒步的，有在马上的，还有表演打固定靶和活动靶的。

（二）珞巴族刀舞

珞巴族刀舞，珞巴语称"剥格"，"是一种打猎回来的祭祀活动"舞蹈。主

---

[1] 扎西泽仁. 藏族武术器械——白嘎 [J]. 武林, 1984 (10): 39.

要在居住于珞瑜地区的米林、错那、察隅、墨脱、隆子等县的珞巴族人中流传。一般有八人,"手持珞巴长刀,时而对舞,时而围成圈状,像是围猎,有跳跃、晃肩、劈砍、击刺等表达狩猎的动作,并伴有吼叫声,模拟狩猎场景"[①]。表达珞巴勇士勇猛、刚健的气概,同时表达对收获的祝福。

(三) 拉孜藏刀

藏刀是藏民生活中必不可少的物品,具有防身、餐具、装饰的作用,是藏族文化的典型代表,尤以日喀则市拉孜县出产的藏刀最负盛名,因此得名"拉孜藏刀"。其以历史悠久,工艺精湛,经久耐用闻名于世。拉孜藏刀为纯手工制作,刀刃锋利,刀鞘雕刻精美,是极具西藏民族特色的手工艺术品。2008年,拉孜藏刀锻造技艺被列入第二批国家级非物质文化遗产名录。

(四) 布达拉宫摔跤壁画

布达拉宫壁画中有多处藏式摔跤场景,动作各异,反映出摔跤过程的不同时段的技术动作,生动再现了那个历史时期藏族摔跤的内容,对研究古代藏族武技具有很高参考价值。此外,壁画中还有射箭的场景,多人骑在马上,拉弓射箭,是藏族骑射文化的体现。

---

①耿献伟.珞巴族刀舞的社会价值及文化传承研究[J].西藏民族大学学报:哲学社会科学版,2016,37(6):135-139.

第六章 陇右武术文化区域分布

第一节 甘肃武术文化

一、甘肃主要武术文化内容及地域分布

甘肃地处农耕向游牧文化过渡地带，其武术文化兼具农耕文化和游牧文化的特色，河西走廊地带由于古代马战较多，所以大枪为其武术特色，黄河以东陇东黄土高原地带，受高原山地农耕生产方式的影响，以鞭杆为代表的棍术盛行，形成了"西枪东棍"地域分布现象。同时甘肃也是少数民族聚居地区，回族武术内容丰富，风格独特，藏族、保安族等少数民族武术形式独具特色。为了便于直观展示甘肃各地武术文化内容，现将其进行汇总，详见表6-1。

表6-1 甘肃主要武术文化内容汇总

序号	名称	简介	代表性地域分布	备注
1	兰州八门拳	甘肃流传范围最广的本土拳种	兰州市西固区	省级非遗
2	崆峒派武术	武术流派	平凉崆峒文武学校	省级非遗
3	高台通背捶、八虎棍	高台地方拳械	张掖高台县	省级非遗
4	秦安壳子棍	甘肃主要棍术之一	天水秦安县	省级非遗
5	天启棍	甘肃主要棍术之一	临夏州临夏市	省级非遗
6	通备劈挂拳	通备拳内容之一	兰州榆中县	省级非遗
7	兰州缠海鞭杆	地方拳械	兰州市城关区	省级非遗

续表

序号	名称	简介	代表性地域分布	备注
8	孙氏鞭杆	地方拳械	白银靖远县	省级非遗
9	四家武术	地方武术	张掖民乐县	省级非遗
10	八卦养生掌	地方武术	天水市	省级非遗
11	秦安蔡家拳	地方武术，含多种拳种套路	天水秦安县	省级非遗
12	马氏通备拳	甘肃主要拳种之一，流传范围较广	兰州市等	
13	红拳	外来拳种，来自陕西	天水市等	
14	四门拳	地方拳种	天水市等	
15	山西母子	地方拳种	天水市	
16	穆林拳	外来拳种，回族特色拳种	临夏回族自治州	
17	形意拳	外来拳种	兰州市等	
18	八卦掌	外来拳种	兰州市	
19	太极拳	外来拳种	兰州市等	
20	六合拳	外来拳种	兰州市	
21	螳螂拳	外来拳种	金昌市	
22	查拳	外来拳种	临夏回族自治州	
23	少林拳	外来拳种	平凉市、张掖市	
24	七势连拳	地方拳种	兰州市、武威市	
25	罗汉拳	外来拳种	武威市	
26	二郎拳	外来拳种	酒泉市	
27	蒲团棍	临洮地方棍术，甘肃主要棍术之一	定西临洮县	
28	甘谷鞭杆	甘肃主要鞭杆之一，甘谷地方流传的鞭杆	天水甘谷县	
29	河西大枪	甘肃代表性器械之一，河西走廊地方流传的大枪，与古代马战有关	武威市、张掖市	
30	藏族"果日考"	藏族武术器械	甘南藏族自治州	
31	保安刀术	保安族代表性武术	临夏回族自治州	

第六章　陇右武术文化区域分布

续表

序号	名称	简介	代表性地域分布	备注
32	节子舞	民间舞蹈	金昌永昌县	省级非遗
33	秦州夹板舞	民间舞蹈	天水市秦州区	省级非遗
34	陇西云阳板	民间舞蹈	定西陇西县	省级非遗
35	打花鞭	民间舞蹈	平凉静宁县	省级非遗
36	甘州社火	传统民俗	张掖市甘州区	省级非遗
37	天水黑社火	传统民俗	天水市秦州区	省级非遗
38	保安腰刀	传统技艺	临夏回族自治州	国家级非遗
39	迭部射箭	藏族的独特的传统射箭，箭射向天空，并使箭落在距离原地有一定距离的地上所画的圆圈内，以此来决定胜负	甘南藏族自治州迭部县	
40	敦煌莫高窟	文物古迹，壁画武术	敦煌市	
41	黑山岩画武舞图	早期军事武术代表，全图分为上中下三组，每一队有一人指挥，队伍排列整齐，动作一致，反映了军事操练情况	嘉峪关市	
42	魏晋墓壁画砖习武图	古代少数民族习武图，图中有持枪弓步下刺动作	酒泉市下河清五坝河魏晋墓	
43	居延汉简	内有"相错畜、相散手"的记载；有《利善相刀剑》，是鉴别刀剑优劣的论著；有关于射箭的"秋射"内容	酒泉市	
44	大黑沟岩画狩猎图	文物古迹	酒泉肃北蒙古族自治县	
45	李广墓	文物古迹	天水市	
46	麦积山	壁画武术	天水市麦积区	
47	崆峒山	道教和佛教名山	平凉市崆峒区	

二、甘肃代表性武术文化内容介绍

（一）八门拳

八门拳以八卦为其拳理，附会三国诸葛亮八阵图而创。最早是常燕山于兰州所传，后经兰州武术家不断将本地的拳术融入其中，在内容上逐渐得到充实，理论上得到系统和完善，最终形成了单个技术动作以展法和跤法为代表、拳术以封手为代表、器械以棍和大枪为代表、对抗以排子为代表，涵盖甘肃主要地方武术内容并且具有甘肃地方特色的拳派。

八门拳以八卦为其拳理，以休、生、伤、杜、惊、死、景、开的理论，创出粘、连、擒、捆、破、缠、滚、脱八门拳势，故名八门拳[①]。八门拳术内容较为复杂，根据套路形成的不同时间，以及演练方法与风格特点，可将拳术套路分为捶拳、单拳和封手三大类。单拳在八门拳里是基础拳，是入门拳，演练要求一招一式，清晰、到位，如同书法中的楷书；捶拳不但要求功架还要求功力雄厚，招式连贯，如书法中的行书；而封手则要求迅速敏捷，手法变幻莫测，步法前蹿后跃，打出双展密如雨的境界，如书法中的草书。其代表性手法为展法，如蝴蝶展，代表性腿法为跤法，如"中"字跤，对抗形式以跑拳和棍排子为代表。

八门拳起源于兰州，经过两百多年的发展，遍布甘肃各地，目前已经传播到青海、新疆、宁夏，是我国西北地区分布面积最广的拳种。

（二）马氏通备拳

通备拳的理论来源于清代颜、李学派的"文通武备"思想。最早传播通备拳的是河北沧盐地区的潘文学，承之者为李云标、黄林彪[②]。通备拳真正得到较大发展，成为众人瞩目的拳系还是马凤图、马英图时期。二人原籍河北沧州，系统学习了沧州劈挂拳和八极拳。后赴东北，与"奉天三老"换艺学习了戳脚、翻子。中央国术馆期间，马英图和郭长生继承发展了劈挂拳。1926年随刘郁芬部进入西北，后一直生活在兰州，吸收并发展了甘肃本土棍术、鞭杆等内容。马

[①] 郝心莲. 八门拳术 [M]. 北京：人民体育出版社，1990：5.
[②] 李塨，王源. 颜习斋先生年谱 [M]. 上海：商务印书馆，1937：72-73.

氏通备拳集众家之长，吸取了沧州劈挂、八极、东北翻子、戳脚，甘肃棍子、鞭杆以及其他地方拳械的内容，经通备劲的渲染而融为一体，形成了以通备劲为中枢，以劈挂、八极，翻子、戳脚以及甘肃棍术为主体内容的技术体系（表6-2）。

表6-2 通备拳主要内容[①]

通备拳	拳术	劈挂	抹面拳 青龙拳、飞虎虎、大架子、十二大趟子等
		八极	六大开、八大招、金刚八式、八极小架、八阵拳等
		翻子	站桩翻、萃八翻、健宗翻、轻手翻、八手翻、六手翻等
		戳脚	闪式连环鸳鸯腿
	器械	枪	六合大枪、奇枪
		棍	风磨棍、八十八棍、
			五阴、七手、十三法；掉手、黄龙、缠海鞭杆
		刀	劈挂刀、苗刀、八步连环进手刀、飘遥刀、破锋刀等
		剑	七十三剑（通备大剑）、绨袍剑（通备小剑）等
		其他	拦门撅、大刀、钩镰枪、梢子棍、通备三节棍等
		对练	对劈单刀、对扎枪、双手带擒枪、拦门撅擒枪

目前，马氏通备拳已经遍布全国，甚至远播美国、日本、俄罗斯、韩国等国家。其门人名家辈出，有"西北棍王"之称的王天鹏、罗文源，"马氏四杰"马颖达、马贤达、马令达、马明达，王得功，张克俭，郭乃辉，李森林，蔡智忠，张飞鹏，王建忠等人。目前兰州地区主要传承人为郭乃辉、王建忠等。

(三) 壳子棍

壳子棍主要流传在天水秦安县的高堡村，其内容比较特殊，没有套路，是以"壳子"作为练习方式和传承方式，以搏棍为主要对抗形式的地方武术。

"壳子"是当地方言，意思为模子，又称为模子棍，实为动作组合，是壳子棍的核心。一个壳子一般由3~6个动作组成，最多是由被称为十三太保的13个动作组成。壳子棍包括单头和双头两部分，单头壳子适合远距离搏斗和大场地作

[①]参考马颖达手稿《通备拳源流概论》。

战，主要有"单撒手、单扫、黑驴滚缠、双手提、倒手栓子等 45 个；而双头壳子更适于近战和小范围搏斗，有仙人指路、老汉揩鼻、双乌龙摆尾、阴琵琶枪、双扭丝、金刚抱琵琶"① 等 21 个。总共有 66 个壳子。

搏棍是壳子棍的对抗形式，是用壳子的棍法进行对练或对抗，是检验壳子的主要方式。搏棍由对打和散打组成，对打是类似于喂招，练习距离感、熟练程度和应变能力；散打是真打实击。

壳子棍的特点是整学散用，打练结合，动作幅度较小，无棍扫一大片的特点，紧紧围绕实战，简洁实用，朴实无华，无表演美观之概念。

壳子棍相传源于清朝乾隆年间，一个从秦州（天水）监狱出逃的和尚在秦安高家屲村病倒，被高五太爷收留，和尚病愈后将壳子棍传于高家，至今已两百多年，传承 13 代人。壳子棍传承极其保守，传男不传女，非高姓不传，有"不出门"传统，一直在本村传承。所以，一直保持其原始风貌，与周边棍法截然不同。

（四）保安刀术

保安族是甘肃三个特有民族之一，保安刀术是保安族代表性武术。动作迅猛、刚劲有力，手法严谨，攻守得法。刀的花样多，技巧熟练。其套路结构紧凑，连贯性强，起伏性大。具有动作灵活、目标小、攻击性强的特点，适合于近身搏斗。套路中主要以挑、刺、撩、戳为特点，是融攻击与表演为一体的套路②。

保安刀术的产生首先是由于保安族男子有佩刀的习俗，保安腰刀为民族服饰的一部分。其次，保安腰刀制作精良，制作腰刀是保安族的支柱产业，目前，甘肃省积石山自治县的保安族腰刀锻制技艺已被列入第一批国家级非物质文化遗产名录。最后，与保安族习俗有关，保安腰刀是生活必需品之一。

（五）崆峒武术

崆峒山位于甘肃省平凉市，是佛教、道教名山。自古就有"西来第一山"之美誉。崆峒尚武历史悠久。《陕西通志》记载：平凉"地接边荒，多尚武节"。

---

①蔡智忠. 壳子棍研究 [M]. 兰州：甘肃教育出版社，2002：16.
②甘肃省地方史志编纂委员会. 甘肃省志·体育志 [M]. 兰州：甘肃人民出版社，1997：66.

崆峒武术主要有以下五部分内容：

一是崆峒周边的本土武术：拳术有罗汉拳、罗汉十八手等；棍术有八虎棍、进山棍、八门棍等；鞭杆有白虎鞭、七星鞭、黑虎鞭等；此外还有云磨棍、达摩铲等。可以看出崆峒武术除了受本土八门拳的影响外，也受崆峒山佛教文化影响。

二是童派武术：代表人物是童天祥，陕西人，民国期间因经商搬迁至平凉。所传的主要是少林以及陕西的拳种，具代表性的有八仙拳、少林捶、大红拳、小红拳。

三是马派武术：代表人物是马恒福，在抗战期间由河南搬迁至此。马恒福是回民，所传武艺是以查拳为主的回民武术。

四是居派武术：代表人物是居世安，原籍甘肃省临夏县，以六合、燕青、大小红拳以及八门封手、天启排子棍、扭丝棍等甘肃本土武术闻名，此外还有陈式太极拳。

五是20世纪90年代燕飞霞传入的武术：燕飞霞自称是崆峒派传人，但无确切的资料记载，崆峒地方史料和民间也无其为崆峒派传人的佐证。20世纪90年代，燕飞霞来到平凉并收徒，将其武术传于平凉。主要内容共有八门：飞龙门、追魂门、夺命门、醉门、神拳门、花架门、奇兵门和玄空门。

（六）魏晋墓壁画砖习武图

酒泉魏晋墓壁画和画像砖反映了当时河西地区人民的生产生活情况，其中有许多武术内容，最著名的是酒泉下河清五坝河魏晋墓壁画砖习武图。画砖中两人正在习武，其中一人站立，引弓如满月，目视前方，一副蓄势待发的架势。另一人手持戈状长矛，矛的前端横在左臂之上，右手握住矛的把端，左腿屈弓，右腿后蹬，目视前下方，摆出准备下刺的架势，整个动作接近今天武术中弓步下刺的动作。画中二人皆高鼻、深目、浓眉、束腰，头发束成类似小辫的发髻，无论外貌、着装和发饰与同时期汉民族截然不同，是典型的西北少数民族武士形象。习武图是国内少见的有清晰直观画面的武术资料，反映了当时甘肃少数民族民间习武练兵、修习战备的尚武习俗（图6-1）。

图 6-1　习武图拓片（拍摄于酒泉）

（七）社火武术

甘肃民间有耍社火的习俗，一般是在春节过后至元宵节之间，以张掖以及天水、庆阳等陇东黄土高原地区为最。主要武术内容有社火拳和亦武亦舞的民间舞蹈。

社火拳与一般的武术套路有所不同，比一般的拳术套路的场地要小，要求拳打一页席，因为有时要到院子中表演；套路形式比较自由、活泼；内容也以表演为主，而不是很强调攻防，有一定的娱乐成分；套路节奏比较舒缓；动作左右对称，且重复多，所以整套练习时间比较长；此外，社火拳表演者往往还要"进行一定装扮，根据不同套路进行化妆，并穿上相应的服装"[1]。社火拳通常包括引狮子拳、引马拳、引龙灯拳、探马拳、打鞭子等。最常见是引狮子拳和引马拳。

民间舞蹈中也有武术内容，如打狗熊，膏药灯，打虎舞以及秧歌等都包含武术内容。这类民间舞蹈多是以武术套路中的动作为主，以舞蹈的形式来表现。整套舞蹈往往带有一定的故事情节或者服务于一定的表现主题，代表性的是永登、天水地区的打熊舞。打熊者身穿英雄服，出场时先打一套拳。"熊则表演爬、摆、滚、学人走、抓痒、抱苞谷一类动作"[2]。打熊舞实为徒手与棍术的对抗。

（八）敦煌武术

敦煌壁画、文献、文书中记载了许多古代武术的相关内容，是古代武术遗迹

---

[1] 侯顺子. 一种独特的民间拳种——社火拳 [J]. 甘肃体育文史资料，1987（1）：59.
[2] 吴月，等. 甘肃风物志 [M]. 兰州：甘肃人民出版社，1985：206.

保存较多的地方。壁画中具代表性的是290窟"角抵射铁鼓"、61窟壁画中的"剑术练习图"和"对练、对打图"（表6-3）。在敦煌第16窟内还有一个小窟，它就是闻名于世的敦煌藏经洞，其中有许多关于武术的内容，具代表性有唐代幡绢画"相扑图"和"白描相扑图"，此外，其中还有许多反映河西地区尚武风俗的敦煌曲子词，最有价值的当是敦煌遗书《剑器词》三首。有研究者认为，《剑器词》是"唐代民间流传下来的唯一的配合剑器舞的完整词句"[①]。

表6-3 敦煌古代石窟壁画中反映的武术活动汇总

	序号	内容	位置	出处
角抵	1	药叉摔跤图像	西魏288窟	李重申.敦煌古代体育文化[M].兰州：甘肃人民出版社，2000：31-34. 李重申，李金梅，李小惠，李小唐.敦煌莫高石窟与角抵[J].体育文化导刊，2002（1）：88-91.
	2	"佛传故事"悉达太子战胜大力魔王	北周290窟	
	3	金刚力士	北周428窟	
	4	力士摔跤	盛唐175窟	
	5	摔跤比赛	五代61窟	
武术	6	"力士舞"	西魏285窟	易绍武.敦煌壁画中所见的古代体育[J].敦煌学辑刊，1985（1）：101-102.
	7	"力士舞"	西魏285窟	
	8	"力士舞"	西魏285窟	
	9	对练图	北周428窟	
	10	对打图	唐代175窟	
	11	舞剑	五代61窟	李金梅，路志峻.敦煌莫高窟303窟和61窟壁画的武术考论[J].体育文史，2001（3）：42-43.
	12	拳术练习	五代61窟	
	13	拳术练习	五代61窟	
	14	习武图（山树图）	隋代303窟	
	15	习武图（山树图）	隋代303窟	
	16	枪盾对练图	盛唐217窟	易绍武.敦煌壁画中所见的古代体育[J].敦煌学辑刊，1985（1）：104.
	17	执器械对打图	西魏285窟	
	18	埋伏式	西魏285窟	

---

①高国藩.敦煌民俗学[M].上海：上海文艺出版社，1989：535-536.

第二节 宁夏武术文化

一、宁夏主要武术文化内容及地域分布

宁夏是以回族文化为主要特色的地域，回族历代尚武，以查拳、弹腿、穆林拳、回回十八肘等为代表的回族武术分布广泛，具有回族特色的踏脚是回族武术的另一隐形存在形式。此外，甘肃部分拳种也在此流传，地方单项小拳种如西夏拳、张家枪、何家棍也颇具特色。现将其主要内容进行汇总，详见表6-4。

表6-4 宁夏主要武术文化内容汇总

序号	名称	简介	代表性地域分布	备注
1	弹腿	外来拳种，回族代表性拳种之一	银川市	
2	回回十八肘	回族武术内容之一，以肘为主要进攻和防守部位	固原市	
3	西夏拳	地方拳种，流传于宁夏和甘肃的地方武术，又称西夏软拳	固原市、固原隆德县、西吉县	
4	穆斯林八卦太极	由西吉县于子祥阿訇所创，兼有太极拳、八卦、穆斯林特色	固原西吉县	
5	教门拳	回族特色拳种，许多动作名称源于穆斯林日常生活	固原市	
6	汤瓶七式拳	回族典型武术内容之一，动作像回民的汤瓶	银川市	
7	穆林拳	在穆斯林中流传的拳术，宁夏穆林拳由河北沧州传入	固原市	
8	灵州回回刀	地方拳械，杨氏教门拳器械套路之一	银川灵武市	
9	张家枪	又名"小径枪"，核心枪法为"吃、搂、封、闭、刁、扫、崩、点、拉、劈、云、扎""十三枪"	吴忠市郭家桥乡张家湾子	省级非遗
10	何家棍	又称"单头楆子棍"或"十八楆子棍"，其特点是只用棍一头，多枪法	吴忠市	省级非遗

续表

序号	名称	简介	代表性地域分布	备注
11	马家软功	源于甘肃武威罗汉拳，由回族武术家马振武传入	银川灵武市	
12	鱼尾剑	外形像鱼尾，由当代武术家王樑挖掘整理成套路	银川市	
13	西夏王刀	以散落在宁夏回民中的斩马刀套路为基础，以西夏格调创编而成的集体刀术[1]		
14	回族杨氏拳	又称杨氏教门拳，以回族、伊斯兰文化、武术三位一体为标准。传承人：杨文玺	吴忠市	省级非遗
15	徐氏自然门武术	地方武术	金凤区	省级非遗
16	铁柱泉张家武术	以棍法、软鞭为核心的武术体系和流派，代表套路为"单头十八模子棍"和"铁柱软鞭"[2]，传承人：张文杰	吴忠盐池县	省级非遗
17	回族踏脚	健身、技击、娱乐于一体的回族传统体育项目，很多动作与弹腿类似，传承人：马文付、吴勇	固原泾源县	省级非遗
18	南营武术杂技	源于少林武术	吴忠青铜峡市瞿靖镇朝阳村	省级非遗
19	飞叉	民间杂技	银川市	省级非遗
20	贺兰山岩画	岩画中有许多骑射狩猎、佩刀等原始武术内容	银川贺兰县	
21	赤红拳	满族武术代表，雍正年间随从东北迁入宁夏的满族八旗官兵传入，并最终形成满族特色武术赤红拳[3]	石嘴山市、银川市	
22	塞上穆民太极扇	是将太极拳、形意拳、少林拳与穆斯林文化融合而成	吴忠市	

---

[1]《中国少数民族传统体育大全》编委会. 中国少数民族传统体育大全（上）[M]. 沈阳：辽宁民族出版社，2017：574.

[2] 赵炳南. 宁夏盐池县铁柱泉张家武术论略[J]. 宁夏大学学报：人文社会科学版，2002，24（6）：67-68，74.

[3] 吴忠礼. 宁夏体育之光[J]. 共产党人，2006（12）：47-48.

二、宁夏代表性武术文化内容介绍

（一）回回十八肘

回回十八肘是具有回族特色的武术内容之一，宁夏回回十八肘主要分布在固原一带。主要内容有"十八推肘，十八化肘，以及上挑肘、下劈肘、前扫肘、后击肘、内裹肘、外攒肘、下沉肘、前挫肘、翻身肘、磨身肘、滚身肘、前顶肘、内夹肘、连环肘、斜撑肘、双崩肘"[①]十八种。肘部发劲方法配合手法、步法、身法的变化，同时，还可与手、脚、膝、胯、肩并用，"前手化解，后肘进击，两手对争，阴阳变化，一肘二手三手连环不断，故称'忙三手'"[②]。

（二）灵州回回刀

又称教门截手刀，宁夏吴忠地区武学宗师杨士鹏先生（1779—1870年）所创，至今已有200年历史，是回族武术杨氏教门拳器械秘传套路之一。灵州回回刀包括：单刀、双刀、伊斯兰弯月大刀、伊斯兰弯月朴刀，以及单练对练等。融内外功于一炉，汇武术气功于一家，集技击、养生、表演于一体，式式伤人，招招夺命，出招狠毒，截手必胜，具有鲜明独特的民族特色。"教门截手刀"是门内称呼，而"灵州回回刀"却名扬天下。

（三）汤瓶七式拳

汤瓶是回族和宗教习俗的象征物，"汤瓶七式拳"着重表现这一特征，左臂弯曲在腰似壶把，抬右臂握拳屈臂似壶嘴，下肢呈马步或弓箭步。"汤瓶七式整个动作与穆斯林礼拜动作相似"，从起式到收式始终存在着一个"汤瓶式"标志性功架。汤瓶七式拳相传为明末清初河南开封县朱仙镇北大清真寺的阿訇李拜斋所创，自清末以来一直流传在回族之中，近代主要流传在宁夏，其代表人物是杨耀钧和其子杨华祥。有"七个基本单练式，七式中每式又变化七式，七七四十九

[①] 宁夏武术挖掘整理小组. 宁夏拳械录［M］. 银川：宁夏回族自治区体育运动委员会，1985：1.
[②] 宁夏武术挖掘整理小组. 宁夏拳械录［M］. 银川：宁夏回族自治区体育运动委员会，1985：4.

式"①。擒拿是汤瓶七式拳的主要训练内容之一，并且，七式拳的手法单手很少，一般都是"一连三"②，迎手后一般都有三个擒拿动作为一组，连续跟进。风格特点是朴实无华，简洁实用。

(四) 何棍张枪

宁夏吴忠市武术界有"何棍、张枪，盖世无双"之说。"何棍"即何家棍，又叫"单头摸子棍"，棍长齐眉，只用一头，流传180多年。此棍刚劲勇猛，灵活多变。主要棍法有"搁、掠、拨、削、扫、劈、搬、翻"③等，系清代回族拳师何登魁跟一拳师所学，后传子何盘兴，后便在吴忠地区流传开来。

张家枪（称小径枪）起源于宁夏灵武县郭家湾子村，是清代武举张明德先生集各家枪法之长创编的"小径枪"④。张家枪的核心枪法共有十三枪，加上变招共三十六个大势，七十二个小势，共有一百零八个招式。其中单战共有九枪：搂吃闭封劈拧点扎崩；群战共有四枪：拨扫缠云。小径枪的关键在于小，其"小"体现在三个方面：枪走捷径、不绕大弯子；发劲要小，即柔、顺、缠、快，不迟、不鲁、不拙；手份要小，不僵、不直、不硬。风格特点是径小路近，处处出枪领先，灵活运用小径，以巧取胜。

(五) "踏脚"

"踏脚"是回族特有的民间武术项目，以泾源踏脚最负盛名，是集娱乐、健身和击技为一体的武术运动形式。"踏脚"用脚不用手，可双人对踏，亦可多人对踏和以少踏多。规则为：只允许用脚掌踏，不能踢；只能用脚不能用手；在"踏脚"时只能穿平底软鞋或者光脚；不能故意伤害对方要害部位（裆部、后脑、咽喉）；如果对方被踏倒，要即刻停止，等对方站起来后再踏，不许乘人之危，袭踏对方；将对方踏倒不能再踏，或者对方主动认输为胜利。脚法有平踏、跛脚、背脚、连环转、飞脚等。其主要步伐包括滑步、垫步、上步、跳换步、撤

---

①赵炳南. 试论宁夏回族民间武术 [J]. 宁夏大学学报：自然科学版，1996 (4)：95-99.
②张海超. 非物质文化遗产视野下汤瓶七式拳传承研究 [D]. 开封：河南大学，2017：16.
③利通区地方志编纂委员会. 吴忠市志 [M]. 北京：中华书局，2000：837.
④宁夏体育志编审委员会. 宁夏体育志 [M]. 银川：宁夏人民出版社，2000：159.

步等，其技击动作和方法与武术相似，所以有研究者认为回族"踏脚"来源于回族武术"弹腿"[1]。

（六）穆林拳

穆林拳又名"教门拳"，主要流行在宁夏固原地区，1955年，哈瑞林由河北省调往固原工作，同时带入穆林拳。由《宁夏拳械录》可知穆林拳主要动作是：穆民接都瓦、穆圣看经、汤瓶功架、圣人卦经、依玛尼立指、阿咪奶收经，结合单拳法、双拳法、单掌法、双掌法、肘法、膝法、踢法、摔法和各种步型、步法。并以挡、打、劈、挂、进退、闪、拿、解、靠、摔、踢、顺、拨14字为核心。发力时要意、气、力三位一体，有时偶然发声。讲究"不招不打，连招带打，固守待进，一步抢近，守中有攻，攻中有守"[2]。不仅内容丰富，也具有浓厚的回族风格和特色。

---

[1] 许林海：试论宁夏非物质文化遗产回族武术"踏脚"[J]. 中华武术，2014，3 (11)，74-77，80.
[2] 宁夏百科全书编纂委员会. 宁夏百科全书 [M]. 银川：宁夏人民出版社，1998：785.

秦晋武术文化区域分布

第一节 陕西武术文化

一、陕西主要武术文化内容及地域分布

陕西是秦文化的代表区域，以兵马俑为代表的古代军事武艺文化源远流长。同时黄土高原的农耕文化保存较好，以千阳八打棍、洪拳鼓、绥德踢场子、吴起铁鞭舞、霸王鞭、复兴武狮、地台武社火为代表的社火武术丰富多彩，形式灵活，寓武于乐。红拳、子拳是本土代表性武术拳种，在全国具有一定的影响力。此外，山西及其他地方的一些拳种也有传入。具体内容详见表7-1。

表7-1 陕西主要武术文化内容汇总

序号	名称	简介	代表性地域分布	备注
1	红拳	陕西本土主要拳种之一，全国流传较广拳种	西安市（全省流行）	国家级非遗
2	子拳（猴拳）	陕西本土主要拳种之一	西安市、咸阳市、铜川市、宝鸡市、渭南市、安康市、榆林市、汉中市等	
3	醉拳	陕西主要拳种之一	西安市、宝鸡市、铜川市、咸阳市、渭南市、汉中市、安康市等	
4	梅花拳	地方拳种，原名神拳	西安市	

续表

序号	名称	简介	代表性地域分布	备注
5	少摩拳	地方拳种，民国时传入	西安市、咸阳市	
6	功力拳	地方拳种，民国时传入	西安市、渭南韩城市	
7	指东拳	地方拳种	宝鸡市	
8	回民七势拳	回民传统拳术	宝鸡市	
9	护身拳	地方拳种，原称"护符拳"，属义和门	宝鸡市	
10	心意六合拳	回族传统拳种，清末传入	西安市，安康市	
11	白猿通背拳	通背拳流派之一	西安市	
12	马氏通备拳	外来拳种，源自甘肃	西安市	
13	路氏白猿通背拳	又称"陕西白猿"，属道教昆仑派南极门	西安市新城区	省级非遗
14	盘根气功	武术功法	西安市	
15	华山拳	地方拳种	渭南华阴市（华山太极武术协会）	省级非遗
16	李式太极拳	太极拳流派之一，创始人李宗有	咸阳市渭城区文化馆	省级非遗
17	赵堡太极拳	太极拳流派之一	西安市（陕西华夏太极推手道馆）	省级非遗
18	千阳八打棍	民间舞蹈	宝鸡市千阳县	省级非遗
19	洪拳鼓	民间舞蹈	渭南市澄城县	省级非遗
20	绥德踢场子	民间舞蹈	榆林绥德县文化馆	省级非遗
21	吴起铁鞭舞	民间舞蹈	延安吴起县文化馆	省级非遗
22	霸王鞭	民间舞蹈	榆林定边、靖边、延安富县	省级非遗
23	复兴武狮	民间舞蹈	西安市周至县	省级非遗
24	地台武社火	地方民俗	宝鸡千阳县	
25	兵马俑博物馆	文物景观	西安市临潼区	
26	周氏武学馆	武术景观	安康岚皋县	
27	红拳研究会	武术组织	西安市	
28	陕西省武术院	武术馆校	西安市	

续表

序号	名称	简介	代表性地域分布	备注
29	鹞子高三纪念馆	武术景观	铜川市耀州区	
30	西安体育学院	高校	西安市	
31	西北武术学院	武术馆校	西安市	
32	西安赵长军武术学院	武术馆校	西安市	

二、陕西代表性武术文化内容介绍

(一) 红拳

红拳起源并普遍流传于陕西省关中地区，甘肃、河南、四川、云南等省也有较广流传。其代表人物众多，主要有：凤翔史宝龙，耀州郭崇志以及"三三"（"鹞子"高三、"黑虎"邢三、"饿虎"苏三）。

红拳基本理论总归十六字："撑补为母，化身为奇、勾挂为能、刁打为法"[1]。红拳是内容复杂、体系完整的拳派，主要分为五大门：红拳、九拳、炮捶、花拳、梅花拳。红拳套势有小红拳、大红拳、太祖红拳、中红拳、太宗红拳、二路红拳、粉红拳、老红拳、长小红拳、月明红拳、关东红拳、关西红拳等三十六路。红拳器械有枪术、棍术、鞭杆、刀术、大小链枷、春秋大刀、线锤等四十余套。红拳的主要特点是拳架工整，姿势舒美，手法快活，身步灵巧，节奏清晰，动静分明。其套路布局精致饱满，手法刁钻奇巧，气势磅礴，演练流畅，节奏分明，生动象形，韵味十足，给人以雄健刚强之感。

(二) 子拳

子拳又称猴拳，属象形拳类，"子拳"是其雅称，（民间将猴称猴子，取其尾字），以示尊重。据《陕西武术拳械录》载：《三原县志》中有"鹞子"高三"精此拳"的记载，常养活猴以习其艺。为陕西高家拳精华，归属六大类（撑

---

[1] 陕西省地方志编纂委员会.陕西省志·体育志 [M].西安：陕西人民出版社，1995：139.

补、抹间、身法、腿法、器械、对打）之身法类中。此拳在陕西流传较早，清代普遍，民国有较大发展，并渗透其他拳种。分布在西安、咸阳、铜川、宝鸡、渭南、安康、榆林、汉中等地区。

子拳理论讲究求其形，重其神，立在取意，要求意从心起，力从心发。拳势有八大要求："含胸、拨背、抱肩、缩颈、弓腰、提臀、屈膝、跐脚"。子拳主要套路和器械有"小子拳、大子拳、白猿拳及子棍、子棒、行者棒"[①] 等。其特点为刁打为法，运招活快，身形圆缩，神态机敏，劲道柔顺，节奏明晰，结构严谨，动作起伏大，活动范围开阔。

(三) 陕西社火武术

陕西社火表演中与武术相关的内容主要出现在民俗节日的娱乐、纪念活动中，历史悠久，具有丰富的文化内涵。虽然形式、价值功能类似，都属于寓武于乐的民间活动，但各地也展现出不同的内容。如关中的舞流星、舞铡刀，定边、靖边、富县的霸王鞭，绥德踢场子秧歌，渭南市澄城县洪拳鼓，吴起铁鞭舞，千阳地台社火、八打棍等。这是武术与舞蹈、戏剧、杂技等结合，许多动作是当地武术中的基本动作，要求有一定的武术基本功。如"地台武社火"以表现民间拳术和器械对打为主；"千阳八打棍"有弓步点棍、扫堂棍等。

第二节　山西武术文化

一、山西主要武术文化内容及地域分布

山西武术内容丰富，以形意拳、通背拳为代表的武术拳种影响深远，鞭杆是山西代表性武术器械。山西民俗武风浓厚，以怀仁踢鼓秧歌、山阴打狮子、武秧歌、武社火、火叉、风火流星为代表的社火武术形式多样，地域分布广。由于晋商文化的影响，山西镖局也是其特色武术内容。为便于直观展示山西各地武术文化内容，将其汇总于下，详见表7-2。

[①]陕西武术挖掘整理小组. 陕西武术拳械录 [M]. 西安：陕西武术挖掘办公室，1988：42.

第七章　秦晋武术文化区域分布

表7-2　山西主要武术文化内容汇总

序号	名称	简介	代表性地域分布	备注
1	形意拳（心意拳）	山西本土主要拳种之一，也是全国流传较广的拳种	晋中市太谷区	国家级非遗
			晋中市	国家级非遗
			晋中祁县	国家级非遗
			运城永济市	省级非遗
2	通背缠拳	本土主要拳种之一	临汾洪洞县	国家级非遗
3	南少林五行拳	外来拳种，又名"行迟功"，源于福建少林寺	太原市	省级非遗
4	文水长拳	地方武术，又称左家拳，以腿见长	吕梁文水县	省级非遗
5	傅山拳法	相传傅山所创，融太极拳与道教健身术于一体	太原市尖草坪区、晋中灵石县	省级非遗
6	杨式太极拳（山西）	太极拳流派之一	太原市	省级非遗
7	鞭杆	山西代表性武术器械	太原市	省级非遗
8	太行意拳（古传太极）	流行于太行山区民间的一种古老健身法与武术的结合，以站桩行拳为实践	长治市	省级非遗
9	战功拳	地方拳种，民国期间自山东传入	晋中灵石县仁义村	省级非遗
10	弓力拳	地方拳种，又称公议拳、功力拳	晋中祁县	省级非遗
11	王宗岳太极拳	太极拳流派之一	晋中太谷区	省级非遗
12	流星锤	地方拳械	运城万荣县	省级非遗
13	散手迎风掌	地方武术	运城临猗县	省级非遗
14	杨家枪法	地方拳械	忻州繁峙县	省级非遗
15	孝义秘传六十四式活步大架太极拳	太极拳流派之一，属杨式太极拳	吕梁孝义市	省级非遗
16	手搏术	地方武术	太原市	省级非遗
17	浑元一气功	传统功法	晋中市	省级非遗
18	洗髓经健身术	传统功法	太原市	省级非遗
19	陵川玉泉武故事	民间武术与舞蹈相结合的传统杂技武术	晋城陵川县	省级非遗

续表

序号	名称	简介	代表性地域分布	备注
20	八法拳	地方拳种	大同市	
21	怀仁踢鼓秧歌	民间舞蹈	朔州怀仁县	
22	山阴打狮子	徒手或器械打狮子	朔州山阴县	
23	温曲武秧歌	民间舞蹈	晋中祁县	
24	盂县武社火	民俗	阳泉盂县	
25	火叉	民间体育	临汾翼城县	省级非遗
26	寿阳耍叉	民间体育	晋中寿阳县	省级非遗
27	晋阳三三叉	民间体育	晋中市	省级非遗
28	挠羊赛	传统体育	忻州市	国家级非遗
29	风火流星	传统体育	太原市	国家级非遗
30	戴隆邦故居纪念馆	文物遗迹	晋中祁县古县镇小韩村	
31	华北第一镖局博物馆	文物遗迹	晋中平遥县	
32	五台山	文物遗迹	忻州五台县	
33	太原晋商博物馆（晋商会馆）	文物遗迹	太原市	
34	杨忠武祠	文物遗迹	忻州代县鹿蹄涧村	
35	解州关帝庙	武庙之祖	运城市盐湖区解州镇	
36	尉迟敬德庙	文物景观	朔州市朔城区	
37	车毅斋纪念馆	文物遗迹	晋中市太谷区贾家堡村	
38	宋氏形意纪念堂	文物遗迹	晋中市太古区	

二、山西代表性武术文化内容介绍

（一）形意拳

又称"心意拳""心意六合拳"，是以金、木、水、火、土"五行生克"为内涵，以三体势，劈、崩、钻、炮、横五拳，十二形为基本功夫而形成的拳种。

最初为明末清初山西蒲州人姬际可所创，后传于祁县戴龙邦，河北李洛能习到祁县戴家心意拳之后，以象形取意进行改编，形成"形意拳"。形意拳基本内容为以三体式为基本桩法，以形意弹腿为入门拳法，以五行拳（劈拳、崩拳、钻拳、炮拳、横拳）和十二形拳（龙形拳、虎形拳、猴形拳、马形拳、鼍形拳、鸡形拳、鹞形拳、燕形拳、蛇形拳、骀形拳、鹰形拳、熊形拳）为基本拳法，以单练套路为综合拳法，以对练套路为训练技法。[1]

形意拳讲究"心与意合、意与气合、气与力合、肩与胯合、胯与膝合、手与足合"，"以意领气，以气催力，形意一体"。技术要领："一要塌腰，二要缩肩，三要扣胸，四要顶，五要提，六要横顺，七要钻落翻分明"[2]。特点为简洁朴实，协调紧凑，配合严密；收放快速，以我为主，强调进取；七拳并用，刚柔虚实相机而行。形意拳在后来发展中又形成不同流派，山西代表人物有车毅斋、宋世荣、宋世德、李广亨等。

(二) 洪洞通背拳

又称"洪洞通背缠拳""通背拳"，是明朝洪武年间师祖陈卜在山西洪洞县广济寺大槐树下习练的一古老拳种，到清朝乾隆年间，古槐后裔郭永福逃返祖籍山西洪洞县苏堡刘家后，才得到了广泛的传播[3]，主要流传在洪洞县及周边地区。"通背"者即周身通达，力从背发之意。"背"为周身活动中心。"缠拳"者含义有三：其一，为缠绕之意，为化敌力之法；其二，即手法，变化无穷，攻防不止，破法不断，如同缠住对方一般；其三，此拳有二十七路"缠手"[4]。套路分为"母拳"套路、"子拳"套路，有拳术套路九排子通背、通背拳二十四式等，器械套路子母鞭杆、通背八方刀等，对练套路梅花套对练、梢子臂棍等，总计五十余套[5]。从乾隆年间郭永福传艺于洪洞，已传十代，有两百多年历史。

---

[1] 深州市地方志编纂委员会. 深州市志（1990—2003）[M]. 石家庄：河北人民出版社，2016：617.
[2]《武术拳种和拳家》编写组. 武术拳种和拳家 [M]. 上海：上海教育出版社，1985：19-21.
[3] 李果锁. 国术丛书：山西洪洞通背拳 [M]. 太原：山西科学技术出版社，2016：1.
[4] 山西武术挖掘整理小组. 山西武术拳械录 [M]. 太原：山西体育运动委员会，1988：80.
[5] 张青，王根生. 洪洞县志（下）[M]. 太原：山西春秋电子音像出版社，2005：958.

(三) 山西鞭杆

鞭杆又称短棍、鞭杆子，不是指某一拳种，而是一种短器械，甘肃、山西、宁夏、陕西等省均普遍流行。鞭杆是山西武术器械的代表，许多拳种中都有鞭杆套路。最具有代表性的是五台人张含之及弟子陈盛甫、杜大兴、武跃文等传授的驼骡鞭。明清时期晋商以骆驼和骡马组成驮帮运输物品。晋北的驮帮主要往来于西北口外（今内蒙古一带），常有强盗拦路抢劫，为了自卫必须进行武功修习，在实际外出运输中，深感携带刀、枪、剑、长棍等武器既不方便，又惹人注意，因之发明创造了用赶骡马的鞭杆代作武器，经过长期的实践和武术家的提炼，便形成了简便实用的技法和不同的套路，一直流传至今。演练时，其击法有戳、劈、挑、扣、蹦、点、击、撩、拦、截、拨、架、推、挎、绞、压、舞花等。演练时单手或双手持鞭杆，梢把并用，常常调手换把；要求"手不离鞭，鞭不离身，走鞭换手干净利落，动作有左有右，身法伸屈吞吐，方法刚柔相济，力贯鞭梢"[①]。

(四) 武术社火

武术社火是山西民俗中的重要内容，也是山西武术的典型代表，是武术与传统地方戏剧、民间舞蹈等艺术形式相结合的结果，通常是传统节日、民俗表演中的压轴项目。武术社火在山西各地有所不同，代表性的有怀仁踢鼓秧歌、温曲武秧歌、盂县武社火、晋阳风火流星等。山西武术社火虽然与武术拳术有所区别，但也富含武术动作，表演人员具有一定的武术基础。如晋阳风火流星，其表演套路与武术套路大致相似，有双龙开道、火龙缠身、悟空舞棍、火龙十八滚等。武术社火寓武于乐，贴近老百姓生活，具有广泛的群众基础。

[①] 山西省政府办公厅. 鞭杆（山西）（传统体育、游艺与杂技展示）[EB/OL]. [2018-03-26]. http：//www.shanxi.gov.cn/sq/lsrw/msgj/201803/t20180326_403135.shtml.

第八章 中州武术文化区域分布

一、河南主要武术文化内容及地域分布

中州是河南省的文化区域称谓，是中原文化的代表，是我国武术大省，武术文化内容丰富，形式多样，以太极拳、少林拳为代表的武术拳种在全国极具影响力，其他拳种如苌家拳、月山八极拳等具有一定知名度。此外，以少林寺、陈家沟、汉化像石等为代表的武术文化遗迹及人文景观较多。为了便于直观展现河南各地武术文化内容，现将其进行汇总，详见表8-1。

表8-1 河南主要武术文化内容汇总

序号	名称	简介	代表性地域分布	备注
1	少林功夫	少林武术总称，我国主要武术流派之一	嵩山少林寺	国家级非遗
2	陈式太极拳	河南本土主要拳种之一	焦作市、温县	国家级非遗
3	和式太极拳	河南本土主要拳种之一	焦作温县	国家级非遗
4	月山八极拳	河南本土主要拳种之一	焦作博爱县	国家级非遗
5	心意六合拳	河南派心意拳，心意拳三大流派之一	漯河市	国家级非遗
			周口市	国家级非遗
6	苌家拳	河南本土主要拳种之一	荥阳苌家拳研究会	国家级非遗
7	黄派查拳	查拳流派之一	开封市	省级非遗
8	通背拳（通臂拳）	外来拳种	洛阳偃师市、焦作市	省级非遗

续表

序号	名称	简介	代表性地域分布	备注
9	梅花拳	外来拳种	安阳内黄县、濮阳清丰县	省级非遗
10	小尚炮拳（炮捶）	地方拳种	焦作市	省级非遗
11	圣门莲花拳	地方拳种	周口商水县	省级非遗
12	两仪拳	地方拳种	周口沈丘县	省级非遗
13	岳家拳	地方拳种	新乡市牧野区	省级非遗
14	南无拳	地方拳种，道教武术	洛阳市老城区	省级非遗
15	子路八卦拳（白拳）	地方拳种	开封市祥符区	省级非遗
16	回族七式拳	回族武术	开封市顺河区	省级非遗
17	阴阳八卦拳	又称"阴阳八卦捶"，按照八卦理论而创编	焦作武陟县	省级非遗
18	马坡八卦掌	流传在沁阳马坡村的八卦掌，在传统八卦掌基础上又有所创新	焦作沁阳市	省级非遗
19	太乙拳	地方拳种	郑州市管城区	省级非遗
20	杨家枪	地方拳械	濮阳南乐县	省级非遗
21	心意六合拳	心意拳流派之一	南阳邓州市，许昌襄城县	省级非遗
22	查拳	外来拳种	驻马店市驿城区、周口沈丘县	省级非遗
23	闫村梅花拳	濮阳县闫村流传的梅花拳，已有几百年历史	濮阳县	省级非遗
24	嵩山内养功法	武术功法	郑州登封市	省级非遗
25	奇士拳	地方拳种，属少林派	开封市顺河回族区	省级非遗
26	大洪拳	地方拳种，属少林派	濮阳台前县	省级非遗
27	忠义门拳	地方拳种，主要在回民中传承	商丘宁陵县	省级非遗
28	少林寺内白衣殿壁画	武术文物，有武僧演武图	郑州登封市	
29	郑州新通桥汉画像石	文物古迹，内有"剑戟对刺图"等	郑州市	

续表

序号	名称	简介	代表性地域分布	备注
30	唐河县汉画像石	文物古迹，内有"击剑图"等	南阳唐河县	
31	南阳汉画像石	文物古迹，内有"舞剑图""百戏图"和"空手夺枪图"等	南阳市	
32	殷墟	殷墟文物中含有武术文物	安阳市	
33	天波杨府	人文景观	开封市	
34	少林寺	古迹	郑州登封市	
35	陈家沟	太极拳发源地	焦作温县	
36	河南少林武术学院	武术馆校	郑州登封市	
37	嵩山少林武术博物院	武术景观	郑州登封市	
38	中原武术文化庙会	民俗	开封市	
39	登封武社火	民俗	郑州登封市	
40	中国太极拳博物馆	武术景观	焦作温县陈家沟	
41	撂石锁	传统体育	开封市文化馆	国家级非遗
42	棠溪宝剑	传统技艺	驻马店西平县	国家级非遗
43	河南太极拳学院	武术院校	焦作温县	
44	豫剧武戏	传统戏剧	河南豫剧团	
45	中国焦作国际太极拳交流大会	综合性武术活动，始于1992年，每两年举办一次	焦作市	
46	少林国际武术节	综合性武术活动。始于1991年，每两年举办一次	郑州市	

二、河南代表性武术文化内容介绍

(一) 少林武术

少林武术因发源于登封嵩山少室山少林寺而得名，是我国最大的武术门派，有"天下武功出少林""少林武术甲天下"的说法。少林寺建于北魏太和十九年（公元495年），少林寺武术起源于何时没有确切资料考证，但关于少林寺习武的文物及相关记载极多,最著名的为少林寺内白衣殿壁画武僧演武图,直观生动地展示了当时习武的盛况。少林武术历史悠久,名家辈出,是流传最广的武术拳种,其拳、械、功法及相关武术内容丰富。根据少林寺流传下来的拳谱记载,历代传习的少林功夫套路有数百种之多,其中流传有序的拳械代表有数十种,拳术有小洪拳、大洪拳、罗汉拳等几十个小种类及对练等,器械有刀、枪、剑、棍等长短软双各类兵器,尤其以少林棍最具代表。另有 72 项绝技及擒拿、格斗、卸骨、点穴、气功等门类独特的功法。少林寺目前流传的少林功夫拳术、器械和对练等套路合计有 255 种①。少林武术体系完备,已不仅是一个拳种,而是一个拳系。记载少林武术的著作极多,最著名的有明代的程冲斗所著的《少林棍法禅宗》,以及《少林拳术秘诀》《石头拳术秘诀》《少林拳术图说》《达摩剑》《单刀法图说》《少林棍法图说》《少林拳图谱》,当代有《少林武术大全》等。少林武术拳武合一,佛教文化特色鲜明,2006 年少林武术被列入国家级非物质文化遗产保护名录。另有"中国郑州国际少林武术节"等相关武术活动,"中国郑州国际少林武术书"目前已经举办 12 届。

(二) 陈式太极拳

陈式太极拳发源于焦作市温县陈家沟,由明末清初陈王庭所创。陈式太极拳具有阴阳、动静、刚柔等哲学内涵,以缠丝劲和刚柔相济为主要技术特色。后又经过杨露禅等人的传播和发展,衍生出杨、武、吴、孙、和等诸多流派。2006 年,陈式太极拳被列入国家非物质文化遗产名录。2007 年,温县陈家沟被国家体育总局命名为"中国太极拳发源地"。陈式太极拳历史悠久,名家辈出,代表人物有陈长兴、陈鑫、陈发科,以及当代的陈小旺、陈正雷的名家。以及《陈氏世传太极拳术》《陈氏太极拳图说》《陈氏太极拳》、《陈式太极拳实用拳法》等名著。此外还有国际太极拳交流大赛等一些有影响力的活动,目前陈式太极拳已经传播到世界各地。

(三) 苌家拳

苌家拳发源于河南荥阳,与少林拳、太极拳并称为中原"三大拳派",创始

---

① 周和平. 第一批国家级非物质文化遗产名录图典 (下) [M]. 北京:文化艺术出版社,2006:645.

人为乾隆年间汜水县苌村（现荥阳）苌乃周，至今已有三百年的历史。苌家拳技术体系完整，不仅有拳、棒、剑、刀、枪、鞭、镰、弹（弓）等数十种套路，还有苌乃周所著的《拳谱》《枪谱》《剑谱》《棍法之说》理论著述。此外，《苌氏武书》是古代武术典籍中第一部着重讲究并明确记述内炼精气的拳学专著，共74篇，其中有64篇内容都是围绕"中气"，阐述"中气是核心理论"[①]。2008年，荥阳苌家拳被列入国家级非物质文化遗产名录。目前苌家拳已经遍及河南，还传播到山西、陕西、福建等省。

（四）月山八极拳

月山八极拳发源于焦作市博爱县月山寺，又称"开门八极拳"。所谓"八极"，乃沿用"九州之外有八寅，八寅之外有八闳，八闳之外有八极"的说法，寓意"八方极运"。冠以"开门"，是因为八极拳的核心技法是顶、抱、单、提、挎、缠六种开法，取其破开对方门户之意；冠以"月山"，是因为八极拳源自月山寺。元朝初年，月山寺第二代主持苍公汇各派武学之精华，融各派武学所长创立了搏拳（八极拳）[②]。经历了27代僧俗相传共800余年的传承发展历史，有"文有太极安天下，武有八极定乾坤"之称。历史上月山八极拳曾与太极拳、少林拳齐名，至今流传着"炮锤硬，太极软，八极中用不中看"的说法。八极拳历代掌门人全为月山寺僧，民国期间，月山寺毁于战火，八极拳由俗家弟子马连升传承，至今已有三代。2008年月山八极拳被列入国家级非物质文化遗产名录，代表性传承人为马德行。

月山八极拳的技术核心为六大开和八大招，六大开指顶、抱、单、提、挎、缠六种基本技法，为各种技法之母。八大招是：阎王三点手，猛虎硬爬山，迎门三不顾，霸王硬折缰，迎风朝阳掌，左右硬开门，雄鹰双抱爪，立地通天炮。徒手套路有八极拳小架、八极拳大架、八极拳对接等；器械套路主要是六合枪对练[③]。八极拳短小精悍，拳劲刚猛，气势雄健，以短制长，攻防一体，出招狠

[①] 韩雪. 中州武术文化研究 [J]. 体育科学, 2006（8）: 86-95.
[②] 政协河南省焦作市委员会学习和文史资料委员会. 焦作文史资料（第12辑）: 焦作武术 [M]. 焦作: 政协河南省焦作市委员会学习和文史资料委员会, 2008: 149.
[③] 《河南省国家级非物质文化遗产图录》编辑委员会. 河南省国家级非物质文化遗产图录（1）[M]. 郑州: 河南人民出版社, 2011: 12.

毒，讲究"落地成招，招招伤人"，适合近身搏斗。

（五）心意六合拳

河南心意六合拳是心意拳三大流派之一，广泛流传在河南各地，尤其以漯河、周口最负盛名，洛阳和南阳也是河南派心意拳传播较为广泛的地区。2008年由漯河市和周口市共同申报的心意六合拳被列入国家级非物质文化遗产名录。

心意六合拳在河南的最早传人是马学礼，主要在河南回族穆斯林群众中传承。马学礼强调心意六合拳是以"心意诚为中，肢体形于外"之意来命名的。所谓六合，有两种解释：一指鸡腿、龙身、熊膀、鹰捉、虎抱头、雷声，一身含六势。二指手与足合，肘与膝合，肩与胯合，此为外三合；心与意合，意与气合，气与力合，此为内三合[1]。河南派心意六合拳在传承中其技艺又分为两大派系：河南马氏心意六合拳；河南嵩山少林寺心意把。心意六合拳的练法有定式和动式两种，其内容主要有：心意把、十大形、四把捶、六合刀、六合枪等。心意六合拳的风格特征为"刚猛、狠毒、快"[2]，动作简洁，周身合劲，发力猛而富有弹性，动作疾狠快利。

---

[1]马锦丹. 回族传承的民间武术心意六合拳考述 [J]. 回族研究，2012，22（4）：101-106.
[2]李冬阳. 河南心意六合拳技术特征研究 [D]. 太原：中北大学，2016：45.

第九章　齐鲁武术文化区域分布

一、山东主要武术文化内容及地域分布

齐鲁是山东省的文化区域称谓，山东是武术大省，内容丰富。源于山东的查拳、华拳、螳螂拳在全国各地均有流传，此外佛汉拳、孙膑拳、文圣拳、潭腿等拳种在全国具有极高知名度。山东拳种数量多，地域分布广泛，尤其是鲁西南地区更是拳种林立，以梁山武术为代表的地方武术也在全国享有盛名。为了便于直观展示山东各地武术文化内容，将其进行汇总，详见表9-1。

表9-1　山东主要武术文化内容汇总

序号	名称	简介	代表性地域分布	备注
1	查拳	山东本土主要拳种之一，也是我国流传较广的拳种现代长拳的来源之一	聊城冠县	国家级非遗
			安丘市（安丘查拳）	省级非遗
			日照莒县（莒县查拳）	
			临沂市兰山区（黑虎查拳）	省级非遗
			济宁市任城区、聊城莘县（张鲁查拳）	省级非遗
2	华拳	山东本土主要拳种之一，现代长拳的来源之一	济宁市	
3	螳螂拳	山东本土主要拳种之一	烟台莱阳县	国家级非遗
			烟台栖霞	国家级非遗
			青岛市	国家级非遗

续表

序号	名称	简介	代表性地域分布	备注
3	螳螂拳		烟台市牟平区（梅花摔手螳螂拳）	省级非遗
			烟台海阳市	省级非遗
4	东明佛汉拳	山东本土主要拳种之一	菏泽东明县	国家级非遗
5	孙膑拳	山东本土主要拳种之一	青岛市市北区、潍坊市、安丘市、淄博市临淄区	国家级非遗
6	肘捶	山东本土主要拳种之一	聊城临清市	国家级非遗
7	徐家拳	地方拳种，源于雍正年间新泰市通济村徐氏家族	泰安新泰市	国家级非遗
8	梁山武术	地方武术	济宁梁山县	省级非遗
9	梅花拳	外来拳种	山东梅花拳学会、济宁梁山县、菏泽市定陶区	省级非遗
10	文圣拳	山东本土主要拳种之一	济宁汶上县	省级非遗
11	子午门	地方拳种	济宁梁山县、泰安东平县	省级非遗
12	大洪拳	地方拳种	菏泽市牡丹区、鄄城县、郓城县、枣庄滕州市	省级非遗
13	二洪拳	地方拳种	菏泽鄄城县、曹县	省级非遗
14	二郎拳	地方拳种	菏泽巨野县	省级非遗
15	崂山道教武术	地方武术	青岛市崂山区	省级非遗
16	济南形意拳	形意拳流派之一	济南市	省级非遗
17	傅士古短拳	地方拳种	青岛市城阳区	省级非遗
18	临清潭腿	因源于河北临西龙潭寺（原属山东临清）而得名	聊城临清市	省级非遗
19	吴式太极拳	太极拳流派之一	烟台莱州市	省级非遗
20	戚家拳	地方拳种	烟台蓬莱区	省级非遗
21	牛郎棍	地方拳械	威海乳山市	省级非遗
22	狮舞（梅花桩舞狮子）	传统舞蹈	济宁梁山县	省级非遗

第九章　齐鲁武术文化区域分布

续表

序号	名称	简介	代表性地域分布	备注
23	地龙经拳	地方拳种	潍坊高密市	省级非遗
24	地功拳	地方拳种	安丘市	省级非遗
25	太平拳	地方拳种	济南平阴县	省级非遗
26	武当太乙门	外来拳种	济南市槐荫区	省级非遗
27	水浒拳	地方拳种	菏泽郓城县	省级非遗
28	八卦掌	外来拳种	菏泽曹县	省级非遗
29	鸳鸯内家功	内家动功	青岛市市南区	省级非遗
30	三铺龙拳	地方拳种	青岛胶州市	省级非遗
31	通背拳	外来拳种	淄博市淄川区	省级非遗
32	尹派宫式八卦拳	八卦掌流派之一	威海市环翠区	省级非遗
33	聊城梅花桩拳	聊城流传的梅花拳	聊城市东昌府区	省级非遗
34	燕青拳	外来拳种	滨州市滨城区	省级非遗
35	武术点穴法	武术功力	菏泽东明县	省级非遗
36	定陶阴阳掌	地方拳种	菏泽定陶区	省级非遗
37	梅花拳	外来拳种	菏泽东明县	省级非遗
38	东阿二郎拳	地方拳种	聊城东阿县	省级非遗
39	洪派太极拳	太极拳流派之一	山东省武术院淄博市张店区	省级非遗
40	程派高式八卦掌	八卦掌流派之一	滨州市滨城区	省级非遗
41	沂南汉墓	文物遗迹，内有武术汉画像石	临沂沂南县	
42	嘉祥县汉画像石"对剑"图	武术文物遗迹，以"对剑"图为代表	济宁嘉祥县	
43	银雀山汉墓帛画角力图帛画	武术文物，角力图反映汉代角力情况	临沂银雀山	
44	戚继光纪念馆	人文景观，为纪念抗倭英雄、著名武术家戚继光所建	烟台蓬莱区	
45	山东省武术院	武术机构	济南市	
46	宋江武校	国内著名武术馆校	菏泽郓城县	
47	莱州中华武校	国内著名武术馆校	烟台莱州市	

079

续表

序号	名称	简介	代表性地域分布	备注
48	孔子六艺城	以"礼乐射御书数"为主题的现代人文景观	济宁曲阜市	
49	仰钟园	人文景观，为纪念沧州八极拳创始人吴钟所建，内有吴钟墓等	德州庆云县	

二、山东代表性武术文化内容介绍

（一）查拳

我国著名拳种之一，源于山东冠县，相传由回族查密尔（查尚义）所传，也是山东代表性武术内容，有"南拳北腿山东查"之说。查拳在全国流传非常广，在山东形成了冠县的"张式"查拳、"杨式"查拳，任城的"李式"查拳，临沂黑虎查拳，安丘查拳等几大流派，此外还有一些小的查拳流派出现。查拳尤其在回民中流传，是现代长拳的来源之一。查拳内容丰富，体系完备，有基础功法、徒手套路、器械套路、对练套路和自由搏击（操行手和打散手）等内容。张文广曾主编出版《中国查拳》上、中、下三册。查拳名家众多，代表人物有常振芳、杨鸿修、王子平、张文广等。

（二）华拳

华拳是中国著名拳术之一，源于山东济宁，在全国各地多有流传，也是现代长拳的来源之一。华拳讲究"三华贯一"，"三华"是指精、气、神，华拳因此而得名。华拳架势工整，姿势舒展，讲究"圆中矩，方中规"。主要理论可概括为"十说"："五体匀称说""筋骨道劲说""心为主宰说""动迅静定说""不柔不刚说""虚实相生说""气机时势说""提托聚沉说""连绵相属说""二而为功说"[1]。华拳理论为长拳的基本理论"四击""八法""十二型"等奠定了基础。华拳武术名家众多，代表人有蔡桂勤、蔡龙云、蔡鸿翔等。

---

[1] 蔡龙云. 琴剑楼武术文集 [M]. 北京：人民体育出版社，2007：265-270.

(三) 螳螂拳

螳螂拳源于山东青岛，创始人为王郎。螳螂拳是山东四大名拳之一，是象形拳之一，典型动作是"螳螂爪"或"螳螂勾手"。螳螂拳象形取意，精心于螳螂之勇，而不局限于螳螂之型，被认为是所有象形拳中最具攻防的拳术之一。

主要套路有崩步，拦截，偷桃，摘要，八肘，翻车，梅花，扑蝉等。代表性手型为螳螂勾、螳螂爪等。基本手法为勾搂採挂，挨帮挤靠等；身形要求"五膀（压膀、提膀、侧身调膀、拧腰活膀、摇头晃膀）三节（肩肘手，胯膝足）进"[1]，粘手而入即为进，挺身而回即为退。身法要求腰部和上肢灵活，臀以下要稳固，即所谓"枝摇根固""只动腰、不走胯"。劲力讲究柔缠、刚发，脆快抖弹，一般都是缠圈与抖发结合为用，通过晃腰抖臂，形于手指。其特点具有柔缠、刚发、脆快刁钻，多短手快打、招势连环，其技击风格类似"短打"[2]，快速勇猛、斩钉截铁、勇往直前。

螳螂拳目前已发展出多个流派，主要有太极螳螂、梅花螳螂、七星螳螂、六合螳螂、小架螳螂等。代表人物有周永祥、周永福、于海等。

(四) 佛汉拳

佛汉拳，亦称"佛汉捶""佛拳"，主要流传于山东以及吉林、河北大名一带，尤其以山东东明一带最负盛名。2011年，东明县佛汉拳入选第三批国家级非物质文化遗产名录。关于佛汉拳起源有"达摩创造佛汉拳""少林寺僧人创造佛汉拳"及"修文方丈整理修编佛汉拳"之说，但都有待考证。据河北大名东关碑文记载可知：佛汉拳于1860年左右流传于世俗，首传人贾云露[3]。

佛汉拳的主要内容包括套路、散手、功法三类练习方法。以徒手练习为主要内容，以对打为主要形式，套路主要有三十八路佛汉拳。散手单练式有七十二擒拿手、三十六底盘腿，共一百零八式。佛汉拳以"高低苗"为入门必修的筑基功夫。主要功法有铁爪功、鹰爪功、盘手功、桩功等。佛汉拳主要技法为：身势

---

[1] 周永祥. 武术参考资料之四——螳螂拳 [M]. 济南：山东师范大学体育系，1980：1.
[2] 郭守靖. 齐鲁武术文化研究 [D]. 上海：上海体育学院，2008：152.
[3] 王雪莹. 由佛汉拳碑文歌诀浅论佛汉拳的起源及技术风格特点 [J]. 武术研究，2018 (6)：74.

为"九宫身势",讲究"吞、吐、沉、浮",要求"三心相照"(三心即手心、足心、人心),"吞身如鹤缩,吐手若蛇奔";手法善变,有 108 种,讲究快如风、疾似雨;腿法有 108 种,讲究"足击不过膝"[①]。

(五) 孙膑拳

孙膑拳是假借孙膑之名而创立的拳种,因"显技时,须衣特殊之长袖衣",故又称"长袖拳"。孙膑拳虽不一定是孙膑所创,但汲取了孙膑兵法思想,如"出其不意,攻其无备""静如处子,动如脱兔"等理论,以及"空、诓、虚、实、晃"等实战战略。孙膑拳目前主要流传在山东济南、青岛、聊城、淄博及河北馆陶一带。

孙膑拳传统套路有基本功法、单手练、大架、中架、小架、捶谱、六十手和孙膑拐。代表性套路有一路孙膑拳、一路孙膑剑、一路孙膑刀、一路孙膑棍、一路孙膑枪等。主要特色内容有孙膑步、长袖拳、象鼻拳、瓦楞掌,其中孙膑步是最突出特点。孙膑步蹲走跛行,两大腿藏裆相夹,一膝顶住另膝之内侧,双足成为"T"形状,类似瘸腿者支撑而起立,名为"孙膑步"。孙膑拳基本技法讲究"三节胳膊二节腿"(手脚灵活),"鸡腿"(轻、静),"龙腰"(矫健),"鹰眼"(敏锐),"猴相"(机警),"象鼻拳"(放长击远)。套路风格可概括为:"行拳出手顺达流畅,手足并进力逼四梢。结构严紧有循尚好,风格独具尤为重要"[②]。目前,青岛孙膑拳和安丘市青云山武术馆的孙膑拳为国家级非物质文化遗产。

[①]李随志,张俊田. 少林佛汉拳 [M]. 河北:河北人民出版社,1996:1-15.
[②]孟宪堂. 中国孙膑拳 [M]. 北京:西苑出版社,1994:7.

第十章 吴越武术文化区域分布

第一节 江苏武术文化

一、江苏主要武术文化内容及地域分布

江苏地处长江下游，尤其是在太湖流域，水网密布，催生以船拳为代表的武术拳种。江苏同时地处南北交汇地带，形成以阳湖拳为代表的融汇南北特色的武术拳种，同时北方和南方拳种也在此多有流传。以打罗汉、渔舟剑桨、打水浒等为代表的民俗武术盛行，特色鲜明。此外，入选第一批"人类口头和非物质遗产代表作"名录的昆曲，其中的武打戏与武术具有很深渊源。现将江苏武术文化内容进行汇总，具体内容详见表10-1。

表10-1 江苏主要武术文化内容汇总

序号	名称	简介	代表性地域分布	备注
1	阳湖拳（常州南拳）	江苏本土主要拳种之一	常州市武进区	省级非遗
2	沛县武术	沛县地方武术总称	徐州沛县	省级非遗
3	铜山北派少林拳	又称徐式北派少林拳，少林拳内容之一	徐州市铜山区	省级非遗
4	太极拳（孙式太极拳）	外来拳种，太极拳流派之一	镇江市	省级非遗
5	史式八卦掌	八卦掌流派之一	常州溧阳市	省级非遗
6	刘氏自然拳	地方武术，无固定拳套，以不失自然为本旨	连云港市连云区	省级非遗

续表

序号	名称	简介	代表性地域分布	备注
7	形意拳	外来拳种	连云港灌云县	省级非遗
8	船拳	江南船拳	苏州市	省级非遗
		常熟船拳	常熟市	
		北桥开口船拳	苏州市相城区	
9	六步架大洪拳	练法分为六步功夫，创于明洪武年间，故名为六步架大洪拳	徐州丰县	省级非遗
10	金陵甘凤池武术	南京地方武术，含多个拳种套路的武术体系	南京市秦淮区	
11	飞镗	南京民俗表演器械	南京市六合区	
12	丰县八极拳	八极拳流派之一	徐州丰县	
13	八卦太极拳	地方拳种，八卦掌、太极拳、形意拳等拳法的融合	徐州市	
14	常州潞城猴拳	地方拳种，象形拳之一	常州市武进区	
15	戚家拳	相传由戚继光创编，在戚家军中流传的拳术	南通海门市	
16	王家拳	地方武术，主要内容为"太极元功王家手"	南通市通州区	
17	洪派陈式太极拳	太极拳流派之一，洪均生先生所传的陈式太极拳	连云港东海县	
18	少林拳功法	地方武术	连云港市连云区	
19	武当拳	武当派内容之一	连云港市连云区	
20	峨眉十二庄	传统功法，以12个功法内容连贯互融而成	连云港市新浦区	
21	形意大成拳	吸取了气功和形意拳、大成拳、太极拳、八卦掌、云门腿法等基础上创编而成	连云港市新浦区	
22	八卦掌	外来拳种	连云港市	
23	铁砂掌	传统功法	连云港市	
24	咏春拳	外来拳种	南京市等	
25	查拳	外来拳种	连云港市	

续表

序号	名称	简介	代表性地域分布	备注
26	花拳	地方拳种	苏州市	
27	游身八卦连环长剑	地方拳械	淮安市清河区	
28	梅花拳	外来拳种，由山东传入	淮安市	
29	芦江张家镋	以镋为器械，集武术、舞蹈、阵法于一体的民间艺术	镇江句容市	
30	西凉掌	地方拳种	扬州市	
31	佑家拳	地方武术	扬州市	
32	彭祖导引养生术	传统养生术	徐州市	
33	丰县石老道养生术	传统养生术	徐州丰县	
34	殷巷石锁赛力	民间体育	南京市江宁区	
35	盾牌舞	传统舞蹈	宜兴市	
36	一指禅	武术功法，单手一个食指倒立	连云港赣榆县	
37	石锁功	武术功力练习	淮安市清江浦区	
38	渔舟剑桨	传统民俗，以梁山故事为背景，用桨柄及暗藏于内的宝剑进行对打	无锡市滨湖区	
39	阳江打水浒	传统舞蹈	南京市高淳区	
40	打罗汉	传统舞蹈	南京市高淳区	
41	洪武花棍舞	传统舞蹈	宿迁泗洪县	
42	撂石锁	无锡花样石锁	无锡市新吴区	
		海陵撂石锁	泰州市海陵区	
		姜堰撂石锁	泰州市姜堰区	
43	徐州汉画像石	文物古迹，有比武图等	徐州铜山区	
44	南京中央国术馆旧址	武术遗迹	南京市南京体育学院内	
45	南京体育学院	高校	南京市	
46	昆曲武戏	戏剧	苏州市	

二、江苏代表性武术文化内容介绍

(一) 阳湖拳

阳湖拳又名常州南拳,是江苏省为数不多的本土原生拳种,创始于常州并主要在常州地区流传,为了与浙江、广东、福建南拳相区别,改称"阳湖拳"。相传阳湖拳由宋代展昭所创,这一说法有待考证,但历史上常州地区早有习武传统是事实。据《武进县志》载,常州南拳,源出道家武术,创发于宋末元初,有700多年历史。经后人发展,阳湖拳逐渐形成兼有南北地域特色的地方拳种,并以地域区分为阳湖派、横山派、紫阳派、西山派、茅山派五大武术流派[1]。

阳湖拳原有500多个套路,现存100多个,套路形式多样,除单练外,还有一对一、一对二、一对三、一对多人的对练,对打,连打,追打等对打套路,还有"三英战吕布""金沙滩""白水滩"等群战套路。阳湖拳的常规兵器主要有刀、枪、剑、戟、斧、钺、钩、叉、鞭、锏、镗、棍、棒、流星锤等。此外,还有船桨、鱼叉、扁担、翻耙、连枷、板凳、绳索等特殊兵器。手型步法、与众不同:"出掌都是瓦楞掌(卷廉掌),步型常用寒鸡步(半马步),骑龙拳(前足大内扣的弓箭步)"[2]。

阳湖拳的风格特点为南北兼收,拳腿并重,动作幅度小,原地旋翻,架势低矮,动作节奏灵巧快脆、突发勇猛,近身短打,进多退少,套路短小精悍,往往边练边唱,故又称"开口拳"[3]。由于阳湖拳历史悠久,风格独特,江苏省常州市武进区的阳湖拳被列入江苏省第二批省级非物质文化遗产名录。

(二) 苏州船拳

所谓船拳,顾名思义就是在船上打的拳。江苏船拳主要分布在太湖流域,以苏州为最,代表性的有吴中船拳、常熟船拳、北桥开口船拳等。苏州船拳历史悠

---

[1] 陈小蓉. 中国体育非物质文化遗产·江苏卷 [M]. 兰州:甘肃教育出版社,2018:183.
[2] 高亮,顾铁泉,朱全海. 阳湖拳的历史起源、风格特点及其现代传承 [J]. 体育与科学,2011,32 (5):64-68.
[3] 肖飞. 阳湖拳 [J]. 江苏地方志,2005 (2):61.

久，由于太湖流域水网密布，早在春秋时期就有水战、水军船上习武的记载，至明清江南船拳日趋成熟。

船拳主要分为徒手拳术，器械、功法以及爬桅杆和翻跟头等技艺。拳术有八黑拳、七红拳、短手、岳家手、四方拳、五虎拳、功架拳、筱红拳等，器械除常见各种兵器外，还有极具水乡特色的鱼叉、竹篙、船桨等。由于受船的体积和不稳定性等因素的影响，船拳表现出极强的个性特征。基本功非常重视腿部、臀部和腰部的训练，步型极重马步；步法注重马步转弓步，弓步转马步的动作训练。船头仅有一只八仙桌稍宽的面积，决定了船拳的一招一式，没有大幅度的蹲、跳、蹦、纵、闪、展、腾、挪，但它集拳种的基本招式之长，似南拳，亦非南拳。习武在船头，身动船晃，为了适应船身的移动，既要习武人桩牢身稳，发挥技艺，又不能使习武人受船动的束缚，因而使船拳的一招一式既要稳，又要轻。手法似出非出，似打非打，出招敏捷，收招迅速；防御动作，以手为主，双手不离上下，如门窗一样，似开非开，似闭未闭，以身为轴，一般在原地转动。船拳又分为开口船拳和闭口船拳。"闭口船拳的演练，需要江南丝竹的音乐伴奏，开口船拳在演练同时用苏州方言吟唱江南小调"[①]。如北桥开口船拳边打边唱，主要是把老百姓敬仰的历代英雄人物编成歌词配到武术表演中，如《杨家将短打拳》《三国群英拳》《八仙过海拳》。主要特点是刚劲遒健、神形合一、步稳势烈、躲闪灵活，进攻时出招敏捷，收招迅速，开唱音高、落调随招；防御时以手为主，似开似闭，以身为轴，原地转动，以唱跟动，落调轻松。

(三) 打水浒

打水浒是江苏民俗活动，主要流传于南京市高淳区及周边，其中以阳江打水浒最为著名。打水浒又叫梁山战鼓，是以水泊梁山一百零八将为题材的武术表演，自南宋以来，世代相传，至今已有800年历史。打水浒一般由36人组成，上场表演人员均须依照章回小说《水浒传》中人物化妆登场表演。表演形式一般分徒手单练、徒手对练、徒手连场练、徒手众场练和器械单练、器械对练、器械连场练、器械众场练。器械是真实的武术器械，有时从器械中可以分辨出水浒

[①] 罗时铭，秦琦峰. 江南船拳的形成与历史演变——兼论"船拳"的苏州发源问题 [J]. 苏州大学学报：哲学社会科学版，2017, 38 (3): 167-173, 192.

人物。表演过程一般是先是以散打练兵开场，其后是双打战斗，到得胜收兵终场。招式套路有：武松十八棍，林冲刺枪，孙二娘双刀，鲁智深醉拳等多套。器械对练有戟对棍、单刀对枪、三节棍对九节鞭等。

打水浒的由来，《南京市地方志》认为：齐（山东）人南移高淳，在齐人中敬仰水浒英雄，他们扮英雄形象，打英雄套路由来已久，南移高淳后，吸收了江南的洪拳、长拳、少林拳各家流派，不断创新，从而形成了带有戏剧色彩的拳术套路。此外打水浒还与高淳明清时期民间习武练功风俗有关，随着社会发展，逐渐发展成为一种民间娱乐活动。打水浒是一种集武术套路、舞蹈、戏剧于一体，具有健身和娱乐功能的民俗活动，历史悠久，文化内涵丰富，目前高淳打水浒已入选南京市非物质文化遗产。

(四) 昆曲武戏

昆曲，原名"昆山腔"，简称"昆腔"，是中国古老的戏曲声腔、剧种，现又被称为"昆剧"。2001年，联合国教科文组织在巴黎宣布第一批"人类口头和非物质遗产代表作"名单，其中就包括中国的昆曲艺术，被誉为"百戏之祖"。昆剧从问世以后长达两百多年的时间里，并没有发展自己的武戏系统，昆剧的武戏系统是在清中叶和"花部"（昆曲之外的各种传统戏曲剧种）激烈的竞争中发展起来的。

昆剧由四个艺术要素组成基本内容：歌，舞，表演和故事。其中"表演"，指叙事或代言过程中的唱、念、做、打，用以塑造人物性格。各个行当都有各自的动作程式，程式寓于经典的折子戏中，典型的程式被抽象为"身、眼、手、步、法"[①]等基本功，被称为"四功五法"。

昆剧把音乐、文学、舞蹈、歌唱等艺术样式有机地化合为自己的艺术本体，其中也包括武术，如昆曲武戏中代表性的武生讲究武打、功架、绝技等运用。"昆曲武戏中基本功、拳术、器械的动作与武术基本一致"[②]。如昆曲武戏中也有抢背、抛刀、鹞子翻身、旋子、涮腰，单刀进枪等武术动作。但昆曲武戏与武

[①]汤钰林. 苏州文化遗产丛书·非物质文化遗产卷1 [M]. 上海：文汇出版社，2010：4.
[②]乔冉. 武术在武戏演进中的作用——对昆曲武行名角王芝泉、张铭荣的采访及对其弟子娄云啸、钱瑜婷武戏的考察 [J]. 体育科研，2016，37（2）：35-42.

术套路表现形式有所不同，昆曲武戏表演的时候更注重套路性，讲究美观，而武术更重攻防、劲力等。昆曲武戏的传统剧目有《夜奔》《夜巡》《盗甲》《问探》等。

第二节 上海武术文化

一、上海主要武术文化内容及地域分布

上海是海派文化和都市文化的代表，是武术城市化较早的地区，早期的精武体育会开民间体育社团之先河，运用西方管理理念和运作方式来管理武术，融南北武术于一炉，打破门户之见，引进全国各地拳种，并积极引进西方体育。此外，武舞相容的木兰拳是适应现代都市文化的创新拳种，也是海派文化的代表。本土武术受水乡地域文化影响，形成了以青浦朱家角船拳为代表的本土拳种。此外，由于地理位置重要、交通便利等影响，全国各地拳种汇聚于此。现将上海主要武术文化内容进行汇总，详见表 10-2。

表 10-2 上海主要武术文化内容汇总

序号	名称	简介	代表性地域分布	备注
1	绵拳	地方拳种，民国期间传入	杨浦区上海兰桂坊绵拳武术俱乐部	国家级非遗
2	精武武术	精武体育总会武术总称	上海精武体育总会	国家级非遗
3	船拳	上海本土拳种，有200年历史，有青浦船拳和朱家角船拳两支	青浦区	市级非遗
4	卢氏心意拳	源于河南心意六合拳，成于卢嵩高对其进行的继承与发展	普陀区	市级非遗
5	吴式太极拳	上海主要拳种之一，始于1926年，吴鉴泉到上海传授太极拳	鉴泉太极拳社	市级非遗

续表

序号	名称	简介	代表性地域分布	备注
6	龙身蛇形太极拳	太极拳流派之一，由上海武术家瞿荣良发展创新	浦东新区高桥镇	市级非遗
7	练功十八法	医疗与武术结合的保健功法，王子平所创，庄元明将其发展	上海市练功十八法协会	市级非遗
8	八卦掌	外来拳种	上海市普陀区八卦掌协会	市级非遗
9	形意拳	外来拳种	徐汇区、松江区	市级非遗
10	查拳	外来拳种	上海中华武术会	市级非遗
11	少林拳	外来拳种	杨浦区（武道文风武术俱乐部）、虹口区	
12	华拳	外来拳种	杨浦区	
13	意拳	外来拳种	嘉定区	
14	木兰拳	上海主要拳种之一	静安区大田路129号	
15	通臂拳	外来拳种	闵行区	
16	八极拳	外来拳种	普陀区	
17	梅花拳	外来拳种	杨浦区、徐汇区	
18	咏春拳	外来拳种	普陀区（上海咏春拳委员会）、虹口区（精武会）、浦东新区（上海咏春拳研习会）等	
19	洪拳	外来拳种	上海洪拳研究会	
20	太祖拳	外来拳种	闵行区	
21	迷踪拳	外来拳种	精武体育会	
22	潭腿	外来拳种	精武体育会	
23	功力拳	外来拳种	精武体育会	
24	浦东南拳	地方拳种	浦东新区	
25	大红拳	地方武术	闵行区	
26	季家武术	流传在上海浦东惠南镇地方武术，含多个拳种的套路	浦东惠南镇	

续表

序号	名称	简介	代表性地域分布	备注
27	鹰爪翻子拳	外来拳种	精武体育会	
28	陈式太极拳	外来拳种	虹口区、杨浦区、闵行区	
29	杨式太极拳	外来拳种	徐汇区	
30	孙式太极拳	外来拳种	嘉定等区	
31	拦手门	外来拳种	浦东新区	
32	古本易筋十二势	传统功法	嘉定区	市级非遗
33	耍石担石锁	上海民间练功器械，查瑞龙将其发展创新，形成多个难度动作和花法	静安区（原闸北区）闸北区石担石锁协会	市级非遗
34	硬功绝技	传统功法	静安区（原闸北区）	
35	调狮子	崇明地方民间舞狮，以"慢、摆、吃"为特色	崇明区	市级非遗
36	打花棍	民国初年查永水传入，查瑞龙将其发展，形成具有查氏风格的打花棍技艺	静安区（原闸北区）	市级非遗
37	打莲湘	传统舞蹈	金山区	市级非遗
38	小刀会传说	民间文学	青浦区	市级非遗
39	精武体育	民俗	虹口区	市级非遗
40	塘湾打虎舞	传统舞蹈	闵行塘湾镇	
41	精武体育总会	武术组织	虹口区	
42	中华武术会	武术组织	黄浦区	
43	中国武术博物馆	人文景观	杨浦区上海体育学院	
44	世界精武武术文化交流大会	武术活动	虹口区	
45	上海国际武术博览会	武术活动	浦东新区	
46	上海体育学院	高校	杨浦区	
47	上海武术院	武术组织	静安区	
48	昆剧武戏	传统戏剧	上海市昆剧院	

二、上海代表性武术文化内容介绍

(一) 绵拳

上海兰桂坊绵拳源于古绵拳,在沪首传人为孟光银。据上海绵拳武术家唐明生所撰资料记载,孟光银,河北沧州人,1920年来沪,在上海李瑞九府上教授拳术,收徒孙福海等多人。新中国成立前孙福海在上海兰州路兰桂坊内创办绵拳俱乐部,公开收徒教授绵拳,其间,孙福海在所学绵拳的基础上进行了创新,最后发展成了符合上海地域文化的上海兰桂坊绵拳。从孟光银来沪传授绵拳至今,历经百年的历史,绵拳已经成为上海市独具地方特色的代表性传统武术拳种之一。

上海兰桂坊绵拳内容主要包括绵拳基础功法、套路以及绵拳内功养生心法三个部分。套路主要有连环肘、绵拳盘打、绵拳接手法、连环套、绵拳龙形、十二路金刚浑元体法、十三路刚柔合元体法、二十四动物之行、一百二十八散字等套路[①]。其特点为:运动柔似棉花,硬如刚,刚而不僵,柔而不软,形如游龙,快而不乱,慢而不松,步活身灵,形意相随,连绵不断,舒展沉实;技击时多用化劲引进落空,得势则刚,击人以寸劲,得势不让人、势势相随,失势则退。训练方法主要是以单人练或二人对练为主。

近年来,绵拳发展迅速,2008年11月在兰桂坊旧址恢复了兰桂坊绵拳俱乐部,2009年绵拳被列入杨浦区非物质文化遗产保护项目,2011年获批"上海市非物质文化遗产保护项目",2014年入选国家级非物质文化遗产名录,代表性传承人为孙红喜。

(二) 木兰拳

木兰拳雏形最早始于20世纪70年代,上海民间拳师杨文娣从崆峒派花架拳部分套路中演化创编了木兰花架拳,当时,被称作"木兰花架拳"。此后,其弟子不断创新传播发展,并形成不同流派,后在上海武术院冯如龙先生的提议下,

---

①黄聚云. 文化城镇化视角下的传统体育文化传承 [M]. 上海:上海人民出版社,2015:167.

将"木兰花架拳"改称为"木兰拳"。1995年国家武术管理中心专门组织武术专家召开了"木兰拳评审会",通过评审正式确立木兰拳成为中国武术新拳种。

木兰拳基本内容由基本功、徒手和器械套路组成。基本功:手型有拳、掌,手法有推掌、云手、双绞手等,基本步法有旋转步、后扫步、坐莲步等,基本腿法有踩莲腿、上踢腿、前蹬腿等;套路有徒手一路、徒手二路、木兰二十八式等;器械套路有木兰扇、木兰剑、木兰刀、木兰圈、木兰拂尘等[①]。其运动特点以柔为美,动作行云流水,轻松自如,圆活流畅,轻灵沉稳。

木兰拳博取民间各流派之长,将刚健有力的武术功架、柔和的太极节奏、呼吸吐纳的气功内养、优美潇洒的民族舞姿、体操及舞台艺术造型有机结合,同时以音乐为灵魂,具有强烈的音韵和身韵特征,以"留其神、变其形"的方式来抽象、演绎、象征技击内容,形成了"武中有舞,舞中有武"的文化特色,体现出海派文化特征。

由于适应现代都市健身、健美需求,木兰拳深受女性的喜爱,获得快速发展。1988年10月30日,"上海市木兰拳协会"成立,协会由木兰拳创始人应美凤任主席。协会成功地组织举办了31届市木兰拳比赛、多届国际木兰拳邀请赛,完成了全运会、亚运会等大型运动会的表演。

(三) 上海精武体育总会

上海精武体育总会是我国近代体育史上第一个民间体育社团,也是影响最大的民间体育社团,源于1910年在上海创办的"精武体操学校",创始人为霍元甲。1909年,霍元甲应邀赴上海与英国大力士奥皮音比武,慑于霍元甲拳威,奥皮音未敢交手而逃,霍元甲之名威震上海。1910年7月,霍元甲在武术界同仁协助下,在上海创办了"中国精武体操学校",在霍元甲去世后曾短暂萧条,后在陈公哲、姚蟾伯、卢炜昌等人的大力支持下获得巨大发展,更名为上海精武体育会,会址也几经搬迁,规模越来越大,在全国建立分会,并在马来西亚、新加坡、印度尼西亚等国家建立国外分会。到1929年,"精武会共有分会42个,总会员数逾40万"[②]。

[①]丁丽萍.吴越武术文化研究 [D].上海:上海体育学院,2008:132.
[②]杨媛媛.近代上海精武体育会研究(1910—1949)[D].上海:华东师范大学,2014:20.

精武体育对中国武术的发展是具划时代意义的。首先，精武会集各地域各门各派的武术精华于一炉。如"黄河流域少林派赵连和，螳螂派罗刚玉，长江流域陈维贤，珠江流域莫家，鹰爪翻子门陈子正等"[①]。其次，精武会打破了门户派别之见，各门各派互相学习，团结协作，共同发展。再次，不断开拓创新。中西结合，文武并举，在技击部以外增设了文事部、游艺部和兵操部。文事部设有国文、英文、簿记学、打字科、图画、摄影等科目，"游艺部设足球、网球、田猎、篮球、标枪、溜冰、杠子、木马、台球、铁球、铁饼、京乐、西乐、弦乐、粤调等门类"[②]。打破性别壁垒，招收女子学员，推广女子武术，引进、运用先进的仪器设备。最后，先进组织管理推广模式。确立了体，智，德三星会旗和三星会徽，"爱国，修身，正义，助人"的精武精神；采用会员制；与学校体育结合，派教练到大中小学传播武术；定期举办精武运动会等。

目前精武体育会已经发展110年，成立了世界精武联谊会，会员单位达53个（数据来源上海精武体育总会网站），成功举办15届世界精武武术文化大会以及众多武术赛事，培养大批武术人才。2014年上海精武体育总会的精武武术被列为第四批国家级非物质文化遗产。

第三节 浙江武术文化

一、浙江主要武术文化内容及地域分布

浙江是吴越地区武术的代表，具有水乡特色的船拳，融南北之长的温州南拳以及影响深远的内家拳等具有较高知名度，以龙泉剑为代表的剑文化历史悠久，文化内涵丰富。此外还有以十八罗汉、罗汉班为代表的民俗武术。浙江武术文化内容丰富，汇南北武术于一体，形式多样，地域分布广，为了便于直观展示浙江各地武术文化内容，将浙江武术文化内容进行汇总，详见表10-3。

---

① 李佩弦. 精武体育会简史 [J]. 体育文史，1983（1）：34.
② 精武体育会. 精武本纪 [M]. 上海：商务印书馆，1919：20.

表 10-3　浙江主要武术文化内容汇总

序号	名称	简介	代表性地域分布	备注
1	浙江船拳	舟山船拳	舟山市普陀区、岱山县	省级非遗
		练市船拳	湖州市南浔区	省级非遗
		西溪船拳	杭州市西湖区	省级非遗
		南湖船拳	嘉兴市南湖区	省级非遗
2	浙江南拳	温州南拳	温州市鹿城区、龙湾区	省级非遗
		天台皇都南拳	台州天台县	省级非遗
		乐清南拳	温州乐清市	省级非遗
		平阳白鹤拳	温州平阳县	省级非遗
		永嘉瓯渠上新屋南拳	温州永嘉县	省级非遗
3	四明内家拳	浙江本土拳种之一	宁波市鄞州区	省级非遗
4	十八般武艺	地方武术，用十八般古兵器创编演变而成，是集竞技性和艺术观赏性于一体的民间武术	杭州市余杭区、临安区	国家级非遗
5	水浒名拳	地方拳种	宁波市北仑区	省级非遗
6	岳家拳（岳武穆柔术）	地方拳种	金华市	省级非遗
7	常山猴铬拳	地方武术，流传于常山县新昌乡猴铬村一带的民间武术	衢州常山县	省级非遗
8	武林活拳	地方武术，浙江武术家何长海创编而成	杭州市拱墅区	省级非遗
9	新前武术	地方武术	台州市黄岩区	省级非遗
10	遂昌茶园武术	地方武术	丽水遂昌县	省级非遗
11	上宕功夫	以棍术为主的地方武术	丽水缙云县	省级非遗
12	凳花	地方拳械	丽水龙泉市	省级非遗
13	天罡拳	外来拳种，来自江西	杭州建德市	省级非遗
14	鹰爪功	地方拳种	杭州市下城区	省级非遗
15	精武拳（械）技	外来武术，上海精武会教练姚电侠传入	宁波余姚市	省级非遗

续表

序号	名称	简介	代表性地域分布	备注
16	舞方天戟	地方武术	嘉兴桐乡市	省级非遗
17	赵家拳棒	地方拳械	绍兴诸暨市	省级非遗
18	大成拳	外来拳种	金华市金东区	省级非遗
19	武当太乙拳（宋氏门）	地方拳种，源自武当	衢州常山县	省级非遗
20	灵溪奚家拳	地方拳种，灵溪村奚诚甫在民间拳术基础上整理总结而成	台州天台县	省级非遗
21	小坑七星拳	地方拳种，相传源于全真教	台州三门县	省级非遗
22	菇民防身术	地方武术	丽水龙泉市、庆元县、景宁畲族自治县	省级非遗
23	桌凳农具花	地方拳械	绍兴市上虞区	省级非遗
24	南太极拳	地方拳种	台州市黄岩区	省级非遗
25	缩山拳	地方拳种	台州临海市	省级非遗
26	天台山易筋经	传统功法	台州天台县	省级非遗
27	云和八步洪拳	地方拳种	丽水云和县	省级非遗
28	五祖拳	外来拳种	杭州市、温州市	
29	黑虎拳	地方拳种	台州市	
30	步拳	地方拳种	杭州市、温州市、金华市	
31	短手高桩拳	地方武术	金华市	
32	自然门拳（伏虎连环鸳鸯拳）	地方拳种，清末浙江武术家刘开林所创	金华市	
33	金刚拳	地方拳种	杭州市	
34	南八卦拳	地方拳种	温州市、台州市	
35	蛇拳	地方拳种	杭州市、湖州市	
36	洪拳	外来拳种	杭州市、宁波市、台州市	
37	南红拳	地方拳种	杭州市、金华市	
38	金锁拳	地方拳种	杭州市、宁波市	

续表

序号	名称	简介	代表性地域分布	备注
39	薛家拳	地方拳种	衢州市	
40	杨家拳	地方拳种	宁波市	
41	南猴拳	地方拳种	温州市、台州市、绍兴市	
42	南八仙拳	地方拳种	杭州市、温州市、台州市	
43	南罗汉拳	地方拳种	杭州市、台州市	
44	绵章短打拳	地方拳种	杭州市、金华市	
45	南少林拳	外来拳种	温州市、杭州市等	
46	醉拳	地方拳种	杭州市	
47	十八罗汉	传统舞蹈	台州仙居县	省级非遗
48	罗汉班	传统舞蹈	金华义乌市	省级非遗
49	岳王庙	文物古迹	杭州市	
50	戚继光纪念馆	人文景观	台州市椒江区	
51	温州武术博物馆	人文景观	温州市鹿城区	
52	龙泉宝剑	传统工艺	丽水龙泉市	国家级非遗
53	浙江国际传统武术比赛	始于2003年，每年一届	浙江省	

二、浙江代表性武术文化内容介绍

(一) 浙江船拳

浙江船拳历史悠久，春秋就有"越王习水战"的记载。汉代，浙江会稽就是制造战船及训练水军的主要基地之一，为船拳发展提供了良好的客观条件。明代浙江是抗倭的主战场，加速了浙江船拳的盛行。清代的水兵平时也是在船上操练。民间生产生活以及镖局镖师的活动也经常是在船上进行。于是，渐渐形成了船拳。

船拳套路极富特色，主要从以下几方面创编而成：一是从民间生产生活而来，如"板凳拳"等。二是来源于历史典故，如"太祖拳""杨家金枪"等。三是借鉴民间杂技、杂耍等，如"抛钢叉"等。四是对传统套路改编，如"罗汉拳""六合拳"等。五是吸收古典音乐舞蹈，如"剑舞"等。主要套路内容有徒手、器械、对练等，徒手套路如五虎拳、伏虎拳、五龟拳、四门拳；器械套路以刀为主，还有耙、南洋扒、板凳等地域特色器械；对练套路有拆手对打、双拳对打等；器械对练套路有单刀拐子对长枪，大连刀进枪等。

船拳的运动特点主要表现在架势短小、活动范围小，原地转动，以手为主，步法稳扎，躲闪灵活；基本技法为："气由丹田吐，力从腰腿发，上顶青天，下注地隔，身如车钻，下似石墩，肩对胯，肘对膝，拳掌对脚尖，脚尖、鼻尖对一线，头勿偏，眼盯前，架喉筋，舌顶上，进带攻，攻带闪"[1]。此外，表演过程中往往有锣、鼓、唢呐、磬子等民间乐器进行伴奏，以壮声势，营造气氛。船拳具有丰富文化内涵，是"海洋文化""船文化""渔文化"的代表。

（二）温州南拳

温州南拳源于当地人民的体育活动和搏击等运动，人们通过不断总结提炼，形成南拳雏形。据明代万历年间《歧海琐谈》记载："永嘉手搏之法，传自李克别……世称李师拳者是矣。"当时永嘉主要是现在的温州地域，这说明温州南拳雏形距今有400多年历史。温州南拳深受南方福建武术，北方江淮、中原武术的影响，据《温州拳械录》所述：温州南拳与福建南拳有密切关系。同时在吸收和借鉴各地武术精华的基础上，形成了具有独特个性的温州南拳体系，成为我国南拳中的重要一支。温州南拳内容复杂，又不断分化出小的流派，据20世纪80年代武术挖掘整理结果可知，温州南拳种类有17种。按照地域来说，主要有瑞安的刚柔拳法；平阳宜山中栏拳法；瑞安、温州市的虎鹤拳法；还有永嘉瓯渠的七虎拳等。

至今温州南拳套路有刚柔法门拳、战拳、鹤拳、虎拳、步拳、连环拳、中栏、鸡拳等200多个；器械套路有丈二棒、齐眉棍、梅花棍、板凳花、双锏、大刀、剑等70多个；对练有拌棒等十数套。温州南拳的主要拳法有：冲、劈、抛、

---

[1] 浙江体委武术挖掘整理办公室．浙江省武术拳械录［M］．杭州：浙江科学技术出版社，1988：1.

盖、鞭、撞等；掌法有劈、标、切、插等；肘法有撞、压、担等；桥法有截、圈、劈、穿、架、滚、盘等；腿法有蹬、踹、钉、挂、铲、踩、虎尾等，以及各种跳跃动作①。其运动特点是马步较低，含胸拔背，沉肩闭胛，腿法稳固而精巧，落地生根，动作紧削，手法灵巧而多变，多短拳、擅剽手，拳刚势烈，吸气蓄劲、吐气发声，威猛迅疾。劲力特点往往是气力相合，身如车轴，力由根起，气沉丹田，蓄于身腰，以意导气，以气催力，运腰送肩，发于手臂，达到拳面。

（三）四明内家拳

对于内家拳，黄百家著有《内家拳法》一文，黄宗羲撰写的《王征南墓志铭》，对内家拳的起源和传承有清晰的描述，其中，对内家拳在四明的传承描述为"嘉靖间，张松溪为最者。松溪之徒三四人，而四明叶继美近泉为之魁。由是流传于四明。四明得近泉之传者，为吴昆山、周云泉、单思南、陈贞石、孙继槎，皆各有授受。昆山传李天目，徐岱岳，天目传余波仲，吴七郎，陈茂弘。云泉传卢绍岐。贞石传董扶舆，夏枝溪。继槎传柴玄明，姚石门，僧耳，僧尾，而思南之传，则为王征南"②，可见四明内家拳在明末已经在四明流传多人。四明内家拳曾一度被认为绝迹，然而 2004 年，夏宝峰出示了夏氏家藏抄写于嘉庆四年、五年地契上的《示后思篇》和《源流》，《示后思篇》中说："家传有绝技，曰行字，俗名'鹅头颈拳'"。《源流》记载"我剡源始祖清流太公，王清畸山夏人，修文备武，得艺于宗人枝溪之流"。证明内家拳在四明山周边的剡源民间流传，再结合《王征南墓志铭》，推算夏宝峰为内家拳的第十三代传人。为了与其他内家拳相区别，命名为"四明内家拳"。2019 年 12 月 15 日在宁波市白云庄举行"中华武术内家拳发源地"纪念碑揭幕仪式。

内家拳传至民国时期，经过剡源夏明士精简以及夏氏创编，目前主要内容有：七十二加一的变法、三十九打法、二十四加一的正侧，阴阳十八法和十三丹功，以及与之相辅的强硬拳术、文武各十段、贯气诀和十二段锦、伤科易算等。另外，还会有一些具体的拳，如雷公飞也腿、落路架、屯十二行拳、内家醉八仙拳势、玄功绝技（武十段、贯气诀、十二段锦、文十段等）、十二成一、龙形圣

---

①温州南拳 [EB/OL]. [2020-04-03]. http://www.zjfeiyi.cn/xiangmu/xiangmushow.html?id=1343.
②梁宇坤，洪浩.《王征南墓志铭》考论 [J]. 学术交流, 2013 (2): 207-210.

手、三十六计拳、四明兵谱（四明刀谱、四明剑谱、四明暗器、短棍类）、小九天等①。2015年宁波的"内家拳"被列为浙江省第三批省级非物质文化遗产。

（四）龙泉宝剑

关于龙泉剑起源，《越绝书·越绝外传·记宝剑》中记载：春秋时期"欧冶子、干将凿茨山，洩其溪，取山中铁英，作为剑三枚，一曰：'龙渊'、二曰'泰阿'、三曰'工布'"②。晋代，朝廷在欧冶子铸剑之地设"龙渊乡"，以资纪念。后因避唐高祖李渊讳，以"泉"代"渊"，龙渊改称龙泉。龙泉剑成为历代名家争相收藏的佳品，新中国成立后更是作为赠送外宾的国礼。目前，武术比赛中的许多标准用剑也多用龙泉剑。

龙泉剑之所以闻名，首先，其源于中国历史悠久的剑文化，剑作为百兵之君，是兵器中的王者；其次，与吴越地区源远流长的剑文化相关，其民"好剑"，名剑辈出；再次，与其地理位置有关，《考工记》载："吴粤之剑，迁乎其地而弗能为良，地气然也。"龙泉一地蕴藏有矿石"铁英"、磨剑的"亮石"和做剑鞘的花榈木，秦溪山泉可以淬剑，茂密的森林能够提供充足的木炭燃料；最后，龙泉剑的闻名更多是与其承载的历史、文学、武侠等相关文化有关，历史上关于龙泉剑的诗及历史典故数不胜数，李白诗云"万里横戈探虎穴，三杯拔剑舞龙泉"，以及专门描写龙泉剑的《宝剑篇》。龙泉宝剑以"锋刃锐利、寒光逼人、刚柔并济、纹饰精致"③四大特色而著称，在中国武术史、中国兵器史、冶金史和艺术史上占有重要地位。2006年浙江省龙泉市的龙泉宝剑被列为首批国家级非物质文化遗产名录。

---

①王大元. 宁波四明内家拳的时空衍变 [D]. 金华：浙江师范大学，2015：7.
②袁康，吴平. 越绝书 [M]. 杭州：浙江古籍出版社，2013：69-72.
③《浙江概览》编撰委员会. 浙江概览（2017年版）[M]. 杭州：浙江人民出版社，2017：404.

第十一章 赣皖武术文化区域分布

第一节　江西武术文化

一、江西主要武术文化内容及地域分布

江西武术以字门拳、硬门拳和法门拳为代表，被称为江西三大名拳，广泛分布于全省各地，三者之间亦有渊源关系。以龙虎山和三清山为代表的道教武术亦是江西武术特色之一。此外，永新盾牌舞、丰城社火、南丰傩舞、婺源傩舞等民俗舞蹈以及丰城岳家狮、石塘武狮、井冈山全堂狮灯、遂川斗牛狮等舞狮也是极具地域特色的武术内容。详见表11-1。

表11-1　江西主要武术文化内容汇总

序号	名称	简介	代表性地域分布	备注
1	字门拳	江西本土主要拳种之一	宜春高安市	省级非遗
2	袁州南庙武术	地方武术	宜春市袁州区	省级非遗
3	上饶自然门武术	属自然门，由上饶秦腊生自福建传入	上饶市广信区	省级非遗
4	安义硬门拳	江西本土主要拳种之一	南昌安义县	省级非遗
5	法门拳	江西本土主要拳种之一	南昌市	
6	岳家拳	地方拳种	九江瑞昌市	
7	小港李燕吉拳	地方拳种	九江永修县	
8	陈门钩子拳	地方拳种	九江修水县	

续表

序号	名称	简介	代表性地域分布	备注
9	九江太极满天星	地方武术，张修林所创	九江市	
10	龙虎山道家武术	地方武术	鹰潭市	
11	八卦太极	地方拳种	赣州市	
12	吉水武术	地方武术、武术之乡	吉安吉水县	
13	青萍剑	地方拳械	龙虎山	
14	俞派少林拳	外来拳种	南昌市	
15	猴拳	地方拳种	萍乡上栗县	
16	三清太极拳	道教文化与太极结合	上饶市	
17	五把拳（五百钱）	传统功法，以点穴闻名	丰城市	
18	南拳翻门（辉江武术）	地方武术	新余市	
19	反桩棍	地方拳械	上饶余干县朱家村	
20	咏春拳	外来拳种	南昌市等	
21	太极拳	外来拳种	南昌市等	
22	八卦掌	外来拳种	南昌市（八卦掌专业委员会）	
23	丰城岳家狮	传统舞蹈	丰城市	国家级非遗
24	永新盾牌舞	传统舞蹈	吉安永新县	国家级非遗
25	南丰傩舞	传统舞蹈	抚州南丰县	国家级非遗
26	井冈山全堂狮灯	传统舞蹈	吉安井冈山市	国家级非遗
27	婺源傩舞	传统舞蹈	上饶婺源县	国家级非遗
28	花棍舞	传统舞蹈	赣州全南县	省级非遗
29	崇义石塘武狮	以单人狮为传承，以武为基础，以上八仙桌为技巧	赣州崇义县	省级非遗
30	丰城社火	传统民俗	丰城市	
31	遂川斗牛狮	根据《西游记》"大战牛魔王"改编，武术与舞蹈浑然一体	吉安遂川县	
32	三清山	人文景观、道教武术	上饶玉山县	
33	龙虎山	人文景观、道教武术	鹰潭市	

二、江西代表性武术文化内容介绍

（一）字门拳

字门拳为江西代表性武术拳种，江西三大名拳之一，在全省各地均有流传，尤以高安字门拳最为盛名。江西字门拳的起源目前有几种传说：少林寺僧罗明传入说、武将创拳说、余克让传拳说，以及武当字门拳之说。目前字门拳在发展过程中按照地域分为几大流派："宜春高安，樟树，新余，上饶铅山等几派"[1]。目前高安字门拳为江西省省级非物质文化遗产。

字门拳内容有功法、徒手、器械、绝技几部分。功法有：马步贯劲、马步拧手、马步抛三关、拧手横杀、上下圆等。徒手为字门八法，拳"残、摧、援、夺、牵、捺、逼、吸"八字为要诀，八个套路，108手，八法之间可相互穿插，任意变化，号称64片手（片手即动作组合）。器械主要有：刀、棍、大刀、扁担、板凳、耙、虎叉等。此外还点穴绝技，俗称"五百钱"。套路特点是布局合理，环环相扣，行云流水，绵绵不断，拳势刚柔鲜明，干净利索，气势风韵别具一格。其技击原理为："以静制动、以柔御敌，以刚制柔、以曲破直"[2]。其中又以手法见长，手法刁钻，神鬼莫测。主要手法有：扣、拿、封、闭、抛、托、擦、撤、抖、落、勾、挂等。强调出手软如棉，残粘即推吐，发手似春雷，沾衣如滚浪，贴内如生根。

（二）硬门拳

硬门拳是江西的代表性武术拳种，江西三大名拳之一，在江西各地多有流传。江西硬门拳多认为源于对南宋岳飞所创的岳家拳的继承和创新，但具体到各地的硬门拳的起源可能有所不同。目前江西硬门拳按照地域主要分为几大流派：安福硬门拳、安义硬门拳、丰城硬门拳，以及萍乡、宜春、樟树等地的硬门拳，据传安义硬门拳的历史较长，有800多年历史。

硬门拳主要内容有基础训练、拳术、器械及散手。基础训练又俗称练头，

---

[1] 朱胤. 江西字门拳研究 [D]. 南昌：江西师范大学，2019：18.
[2] 李蓬生. 江西高安字门拳源流及传承对策研究 [D]. 西安：西安体育学院，2018：16.

"有弓步单鞭推手、起落手、蹭踢腿、溜臂活肩等；拳术有四门拳、叉步、吞吐、猛虎下山、万花归宗、四对手、五马归槽等"①，其中，四门拳为母拳，用于练习手、步、进退躲闪的灵活性；器械有板凳、大刀、虎叉、牛耳双刀、耙，以及奇门兵器。散手主要练习基本招法的实际应用。套路特点是动作小巧，结构紧凑，套路短小精悍，左右互换，往复连环，发劲刚爆，拳势猛烈如暴风骤雨，势不可当。

基本技法上，身体姿态要求头正、颈直、沉肩、挺胸、收腰，胸不过膝，膝不过脚，鼻尖、手尖、脚尖三尖相对，手、眼、步三线相随。劲力主刚，以硬劲、寸劲为主，力达三节（根节、中节、梢节）。技击讲究"主攻之胜"②，进攻时讲求硬打硬进，以刚制刚；防守时，做到含胸、收腹、转身、退闪，力求避开锋芒，柔而后发。由于硬门拳历史较长，各派在传承发展时受其他拳种和地域文化的影响，各派风格会有所不同。

（三）法门拳

法门拳是江西代表性武术拳种，江西三大名拳之一，传承范围较广，尤以南昌、樟树、丰城、高安、新干等地最为盛行。法门拳目前常见有郭氏、邓氏、杨氏、徐氏等几流派。法门拳的创始人和起源没有确切记载，有人认为是在字门八法的基础上发展而来，故有法字门之说。但有所不同，字门拳以手见长，而法门拳则以"走马"闻名。近有研究通过对江西法门拳四支流派创始人的籍贯进行比较，发现四派均源于江西宜春。③

法门拳内容包括基础训练、拳械套路、散打构成。基础训练从先往后依次为：扎马练桩，如马步援手、丁步闪桩；活步练习，如走三角、踏四门；功力练习，如抖劲、踢桩、插谷、抓坛子、滚竹筒等。套路，拳术有单灌、大金丝、木牛分筋、拉弓出杀等；器械有刀枪剑棍、板凳、扁担、流星、耙等。散打是将套路动作拆解，单个训练，随意发招的实战练习。套路技法要求出手刚柔相济，眼观四面八方，身如迎风摆柳，脚似古树盘根，步法圆活快捷，精力充沛顺达，气

---

① 张炎生.江西武术资料［M］.南昌：江西省武术挖掘整理小组，1983：23.
② 中国武术大辞典编辑委员会.中国武术大辞典［M］.北京：人民体育出版社，1990：61.
③ 吴透.江西法门拳研究［D］.南昌：江西师范大学，2019：27.

自丹田发，闪展动静分明。套路风格特点是古朴明快，朴实无华，多发寸劲、抖劲、缠丝劲，动作潇洒自如。技击上讲究"以静制动，以守为攻；以柔克刚，借力打力；挨手而进，沾身而发；彼不动，我不动；彼欲动，我先动"①。

(四) 永新盾牌舞

永新盾牌舞又叫男子群舞、藤牌舞、滚挡牌，是江西永新县的民间舞蹈，是武术与舞蹈相结合，按照一定的阵法演练两军对垒、排兵布阵、双方攻守的民俗文化艺术形式。其主要流传在永新的龙源口、烟阁等南部乡镇，其中又以龙源口镇南塘村历史最为悠久，最为盛行，有"不练盾牌舞，不是男子汉"之说。2006年，永新盾牌舞被列为首批国家级非物质文化遗产名录。2010年，永新盾牌舞作为江西代表性文化赴上海世博会表演。

永新盾牌舞的起源有多种说法，有源于《纪效新书》中的《藤牌总说篇》之说；有移民传入说；有土生土长说；有三国黄盖所创的《团牌武》之说；太平天国将士传入说。据永新县志记载："盾牌在明朝以前，是境内流行的一种武术器械，供习武防身用。"所以，一般认为《藤牌总说篇》所述的"武舞"即盾牌舞的源头。但南塘村盾牌舞是在1930年，"由南塘村民到永新县白沙塘乡的灯芯岭向一位外乡刘姓师父所学而来"②，推测刘姓师父可能是隐居在当地的太平军或者是太平军的后裔。此后，南塘村民对所学技艺不断地进行改进和完善，并吸收戏剧舞台等艺术元素，使其逐渐演变为今天的盾牌舞。

永新盾牌舞一般是由10位武士组成，统一身着清朝太平天国士兵服。其中两位手持钢叉，分别为两方军官，其余八位为士兵，一手持盾，一手持刀。表演时两军对垒，通过锣鼓音乐，武士们以此变换八个阵式，即"四角阵、长蛇阵、八字阵、黄蜂阵、龙门阵、荷包阵、打花牌和收式"③。阵式布局巧妙严谨，造型神采各异，每个阵都有其独特的价值功用，代表一种含义。其中有许多攻防对打动作，与武术对练类似，真打实击，惊险逼真。其动作特点为功架不倒，刚柔相济，刚健有力，雄健彪悍，疾而不乱，原始古朴。

---

① 周志强. 江西武术资料 [M]. 南昌：江西省武术挖掘整理小组，1983：24-25.
② 邓建勇. 江西永新盾牌舞传入时间和源流考证 [J]. 九江学院学报，2009，28 (5)：48-52.
③ 尹国昌，刘欣然. 民俗体育奇葩：永新盾牌舞的文化研究 [J]. 江西师范大学学报：哲学社会科学版，2012，45 (4)：109-113.

（五）丰城岳家狮

丰城岳家狮是流传在江西丰城地区的民间传统体育，是集传统武术、舞蹈、文学于一体的民间艺术形式。其起源，据《丰城县志》记载丰城岳家狮是由岳飞所创的岳家拳与传统舞狮相结合的一种民间舞蹈。明万历年间，爱国名将邓子龙将师父罗洪先所授的岳家拳与本地字门拳糅合在一起，并结合传统的舞狮动作，独创出了丰城岳家狮，至今已有400多年的历史。随着历史发展，岳家狮在民间广泛流传，成为一种民俗活动。

表演集中在传统民间灯会、社火、庙会以及其他活动中。表演过程先是由水、火流星（类似流星锤的表演）打场，接着是岳家枪、岳家锤、岳家拳以及其他器械表演。然后是岳家狮登场，岳家狮是以岳飞《满江红》为基调，先是"引颈""伸懒"等出场动作；然后"平地狮舞"，狮子在"流星"的陪衬下，于平地翩翩起舞，表现狮子的雄威；高潮是"狮子登高"，也称上桌，每上一层，表演动作及展现的意蕴也不同，登高过程中通过雄狮的激烈打斗展现岳飞"八千里路云和月"的战斗艰难；随后是狮子登顶之后"怒发冲冠"的冲天一跃，舞狮人将狮足置于腰间"仰天长啸"，展示"渴饮匈奴血"的英雄气概；最后是"破狮人"上场将两狮分开，人狮和平共处，同舟共济[①]。

岳家狮才兼文武，风格特点为"威""雄""险"[②]，强调硬功夫，着重于"三阴""三阳"。其中方步（走八卦）、"伸懒"等属阴内功，如岳飞书法文学；跳、吼、滚翻、腾跃、狂躁等为阳硬功，似岳飞铮铮铁骨、刚直不阿和还我河山的英雄气概。整个表演将意、念、形态融合在一起，与满江红的意境完美搭配，充满爱国主义的豪情。

[①] 徐谷子. "岳家狮"内涵探源 [J]. 当代江西, 2011（3）：54-55.
[②]《中华舞蹈志》编辑委员会. 中华舞蹈志·江西卷 [M]. 上海：学林出版社, 2014：209.

第二节　安徽武术文化

一、安徽主要武术文化内容及地域分布

安徽本土武术以东乡武术、九华山拳、晰扬掌、亳州心意六合八法拳为代表，武术养生特色鲜明。地方武术以东乡武术、徽州武术为代表，内含多个小拳种，以及叉、耙、板凳花、楸担等特色武术器械。徽剧为安徽文化的代表，其中的武戏是其重要内容之一。此外，钱杆舞、打莲湘、湖阳打水浒、铜城火叉、火鞭等民俗武术也是安徽武术重要内容。具体详见表11-2。

表11-2　安徽主要武术文化内容汇总

序号	名称	简介	代表性地域分布	备注
1	九华山武术	九华山周边流传的武术	九华山	
2	叉拳	地方拳种	阜阳市	
3	八法拳	地方拳种	亳州市	
4	五童气功拳	地方拳种	天柱山	
5	石头拳	地方拳种	合肥市、芜湖市、安庆市	
6	三皇太极拳	地方拳种	滁州市、全椒县	
7	钺拳	地方拳种	池州市	
8	岳王拳	地方拳种	蚌埠市、亳州市	
9	峨眉坤门拳	地方拳种	蚌埠市	
10	徽州太极拳	地方拳种	黄山市、歙县	
11	板凳花、楸担	地方特色器械	黄山市	
12	晰扬掌	回族拳种	亳州市	省级非遗
13	东乡武术	地方武术	桐陵枞阳县东乡	省级非遗
14	永京拳	地方拳种	淮南市	省级非遗
15	陈抟老祖心意六合八法拳	地方拳种	亳州市	省级非遗

续表

序号	名称	简介	代表性地域分布	备注
16	五音八卦拳	地方拳种	阜阳阜南县	省级非遗
17	吴翼翚华岳心意六合八法拳	地方拳种	淮南市	省级非遗
18	徽州武术	地方武术总称	黄山市	省级非遗
19	蚌山心意六合拳	外来拳种，源自河南心意六合拳	蚌埠市蚌山区	省级非遗
20	太和武当太极拳	流传于太和的地方拳种，拳理、拳法、功理有别于国内普遍流行的太极拳	阜阳太和县	省级非遗
21	张氏大洪拳	地方拳种，源自江苏	合肥市瑶海区	省级非遗
22	牛门洪拳	地方拳种	合肥肥东县	省级非遗
23	韩氏阴阳双合拳	地方拳种	合肥市	省级非遗
24	徽剧武打	地方戏剧	黄山市、合肥市	国家级非遗
25	目连戏	地方戏剧	黄山祁门县	国家级非遗
26	祁门傩舞	民间舞蹈	黄山祁门县	国家级非遗
27	钱杆舞	民间舞蹈	蚌埠五河县	省级非遗
28	莲湘舞	民间舞蹈	安庆望江县	省级非遗
29	和县打莲湘	民间舞蹈	马鞍山和县	省级非遗
30	湖阳打水浒	民间舞蹈	马鞍山当涂县	省级非遗
31	铜城火叉、火鞭	地方民间体育	阜阳临泉县	省级非遗
32	九华山庙会	民俗，每年农历七月三十举行	九华山	省级非遗

二、江西、安徽代表性武术文化内容介绍

(一) 东乡武术

东乡武术因原桐城县东乡一带武术盛行而得名，旧有"文不过南乡，武不过东乡"的说法。"东乡"现在属枞阳县，包括今天枞阳县的周潭、项铺、汤沟、老洲、白湖、金社、白梅、陈瑶湖等乡镇，其中周潭乡是东乡武术发源之地及传

播中心。周潭乡大山村章家代代习武练功，到了明朝，章家与本乡周谭村的周家结成姻亲，因此，章家祖传的武艺传授给周家。后来，又传授到其他家族，形成一种普遍的社会尚武习俗，从而逐步形成人们习称的"东乡武术"，时有"畈畈有好田，村村有好拳"[①]的谚语。东乡武术熔"南拳北腿"于一炉，形成既有南拳步伐稳健、刚劲有力的特点，又有北派拳的跌扑滚翻、以腿见长的风格。其内容既有常规的拳械套路，又有极富生活气息的双盖、摸刀鱼、甩菜瓜、叉、耙、菱角梭、板凳花、扁担花等地域特色器械，另有擒拿、分筋、错骨、点穴等拳术精华[②]。因东乡武术历史悠久，特色鲜明，被列入安徽省第三批省级非物质文化遗产名录。

（二）晰扬掌

晰扬掌，以穆斯林教意而创立之拳术，发源于安徽亳州，主要在清真寺及回族中秘传。晰扬掌中"晰"是清晰之意；"扬掌"：回族礼拜者，在礼拜时开始动作是扬手。该拳种每套动作之首也都有一个"扬手"动作，称为"晰扬掌（别名：棋势功）"，即清晰明了的掌法。晰扬掌又称为"棋势功"，是根据穆斯林礼拜动作、《古兰经》文字的运笔走势，结合中国象棋的对弈棋局，演化而成的一门集伊斯兰文化和中国象棋文化于一体的一项武学功法。该拳种由三百五十四式的七套拳法和一套兵器套路组成。其内容有："抓棋势，古兰掌（五卒、四仕、四象、十车、八炮），游龙二十四掌（将），九龙爪（帅），十八连环肘，狮子头（残棋局），马拳（马），兵器有刀、棍、杖、镗等"[③]。技法特点是：灵活多变，招招意明，势势相应，随意变势，意动势随，以掌贴身，柔其身，找其穴，击其要害。除了亳州以外，在安徽阜阳地区、滁县地区和蚌埠、安庆、合肥等市的查拳门派中也流传。

（三）徽剧武打

徽剧是一种重要的地方戏曲声腔，主要流行于安徽省和江西省婺源县一带。

---

① 孔令军. 枞阳非遗 [M]. 合肥：合肥工业大学出版社，2017：226.
② 葛子健. 非物质文化遗产视角下东乡武术的传承与发展策略研究 [D]. 杭州：杭州师范大学，2019：21.
③ 张新科. 淮海地区非物质文化遗产概论 [M]. 北京：商务印书馆，2017：335.

徽剧为京剧之源,而且与中国几十个地方戏曲剧种有着密不可分的血缘关系,也是徽州文化的重要内容。徽剧内容丰富,其武打艺术非凡,《陶庵梦忆》就有明代"徽州旌阳戏子剽轻精悍、能相扑跌打者三四十人"[①] 的记述。尤其是徽昆唱腔以武戏为主,有戏谚云"昆山唱,安徽打"[②],"安徽打"就是指徽剧表演中善于打斗的形式。徽剧"三分唱功,七分做功",表明其与武术有着密不可分的联系,徽剧武打基本功中的弓步、马步、劈腿直接来自武术,劈叉、抢背、鹞子翻身、扑虎、乌龙绞柱等动作与武术动作基本一致;徽剧武打中的器械动作及技巧与武术器械一致,如刀的拦、砍、削、压等雄健威猛,剑的劈、刺、扎、撩等如龙飞凤舞,棍的轮、扫、劈、挑等似急风暴雨,这些都是由武术套路演化而来的,只不过"更注重程式化和艺术化而已"[③]。徽剧武打的"手、眼、身、法、步"的演练要求和武术的"八法"(手、眼、身法、步、精神、气、力、功)有着异曲同工之妙;徽剧中的许多武戏术语,如喜鹊跳枝、燕子掠水、夜叉探海、鹞子翻身也来自中国传统武术术语。徽剧武打在表现形式上与武术有所不同,主要是具观赏性的艺术夸张,所以徽剧还吸收民间杂耍于戏剧表演中,增加观赏效果。徽剧武打戏典型剧目有《七擒孟获》《八阵图》《八达岭》《英雄义》《倒铜旗》《白鹿血》等。

[①] 张岱. 陶庵梦忆 [M]. 周倩, 注. 北京: 北京理工大学出版社, 2017: 254.
[②] 陆娟. 试析徽剧戏曲舞蹈的艺术特色 [J]. 宿州学院学报, 2018, 33 (8): 63-67.
[③] 贾磊. 徽州体育文化概论 [M]. 兰州: 兰州大学出版社, 2010: 1-10.

荆楚武术文化区域分布

第一节 湖南武术文化

一、湖南主要武术文化内容及地域分布

湖南武术以巫家拳为代表，巫家拳被称为湖南四大名拳之首。地方武术以梅山武术、东安武术为代表，内含众多地方小拳术和器械套路。此外，湖南还是少数民族聚居地区，少数民族武术众多，尤其以苗拳、土家拳、侗拳、瑶拳为代表。在此对湖南武术文化内容进行了汇总，具体详见表12-1。

表12-1 湖南主要武术文化内容汇总

序号	名称	简介	代表性地域分布	备注
1	梅山武术	梅山地区武术的总称	娄底新化县	国家级非遗
2	苗族武术	苗族传统武术	湘西土家族苗族自治州花垣县、怀化麻阳苗族自治县	省级非遗
3	大成拳	外来拳种	邵阳市	省级非遗
4	张家界鬼谷神功	地方武术	张家界市永定区	省级非遗
5	岩鹰拳	地方拳种，由新宁县拳师蒋兆鸿所创	邵阳新宁县	省级非遗
6	东安武术	地方武术	永州东安县	省级非遗
7	巫家拳	湖南主要拳种之一	湘潭市	省级非遗

续表

序号	名称	简介	代表性地域分布	备注
8	苗家八合拳	苗族武术之一	湘西土家族苗族自治州古丈县	省级非遗
9	技子拳	地方拳种	邵阳武冈市	省级非遗
10	湖南南拳	包括巫家拳、洪家拳、薛家拳和岳家拳四大流派	邵阳市、株洲市、益阳市	
11	土家拳	土家族传统武术的总称	湘西土家族苗族自治州古丈县	
12	侗拳	侗族传统武术的总称	怀化通道侗族自治县、新晃侗族自治县	
13	瑶拳	瑶族传统武术的总称	永州江华瑶族自治县	
14	幕阜拳	地方拳种，流传在平江幕阜山下的民间拳种	岳阳平江县	
15	黑虎拳	地方拳种	邵阳市	
16	自然门	相传源于徐矮师，慈利人杜心五为自然门第二代传人	长沙市、张家界慈利县	
17	孙家拳	地方拳种	张家界桑植县	
18	吕家拳	地方拳种	益阳市	
19	岳门拳	地方拳种，相传约200年前由临澧县新安杨远志所创	常德临澧县	
20	铁木拳	土家族武术之一	湘西土家族苗族自治州龙山县、湘西土家族苗族自治州保靖县	
21	鸡形拳	土家族武术之一	湘西土家族苗族自治州永顺县、龙山县	
22	螺旋拳	地方拳种	娄底涟源市	
23	青龙拳	地方拳种	株洲市、邵阳市、娄底涟源市	
24	太空拳	地方拳种，刘杞荣所创	长沙市、株洲市、益阳沅江市	
25	峨眉拳	外来拳种	邵阳市、岳阳平江县、临湘市	

续表

序号	名称	简介	代表性地域分布	备注
26	龟牛拳	地方拳种，岳阳市非遗	长沙浏阳市、岳阳市、平江县	市级非遗
27	武当门	外来拳种	岳阳平江县	
28	八拳	地方拳种	长沙市、浏阳市	
29	万法归宗	地方拳术，属湖南南拳内容	长沙市	
30	败桩十八拔	地方拳术，属湖南南拳内容	株洲市	
31	少林拳	外来拳种	邵阳市、岳阳市	
32	张三丰太极拳	自然门内容之一	长沙市	
33	蔽桶子	武术功法，属硬气功	永州市、郴州市	
34	刀梯舞狮	地方传统体育	怀化新晃侗族自治县	省级非遗
35	湘剧	地方戏剧，内有武打内容	衡阳市（湘剧艺术有限责任公司）	国家级非遗
36	巴陵戏	地方戏剧，内有武打内容	岳阳市（巴陵戏传承研究院）	国家级非遗
37	荆河戏	地方戏剧，内有武打内容	澧县（荆河剧院演艺有限公司）	国家级非遗
38	目连戏（辰河目连戏）	地方戏剧，内有武打内容	溆浦县（辰河目连戏传承保护中心）	国家级非遗
39	东方武术学院	武术馆校	娄底新化县	
40	湖南武术节	武术赛事	长沙市	
41	杜心武故居	古迹	张家界慈利县	

二、湖南代表性武术文化内容介绍

(一) 苗族武术

湖南湘西是苗族主要聚居地之一，湘西苗族武术是湖南少数民族武术的代表，苗语称为"吉保"。据挖掘整理统计，湘西苗族武术有四大流派："苗拳老架,大架,大夹小,峨眉支"①。特点是练拳和唱拳谱同时进行,拳架紧凑,动作幅度小,活动范围小,架势朴实。手法善劈砍挑拨、推插勾拦。老式苗拳步型多低腿,踢不过膝。运动形式多打"四门",形成"大四门""开四门""四门棍""四门镋"等套路。稀有武术器械有竹条镖、连枷刀、棒棒烟、黄鳝尾、打虎棒(打猎棒)等。

(二) 梅山武术

梅山武术是湖南地方传统武术流派,主要流传在新化地域,历史悠久,文化内涵丰富,2014年梅山武术被列入第四批国家级非物质文化遗产名录。梅山武术讲究"神气意相合",以意导气,以气发力。套路短小精悍,动作朴实健壮,刚猛迅捷,无跌扑滚翻动作,善于近身短打。讲究"桩固势稳,出手泼辣,发劲凶狠,吐气抑声","来如暴风骤雨,去似风卷残云"②。梅山武术内容庞杂,梅山拳是梅山武术的主要拳种,仅徒手套路就有84路,器械有刀、剑、铁尺、铜、棍、耙、板凳、梭镖、长烟筒等。主要代表人物有陈益球、晏西征,出版有《梅山武功》一书。

(三) 巫家拳

巫家拳是湖南代表性拳种之一,位列湖南四大名拳之首,主要流传于湖南湘潭、株洲、长沙一带。虽然巫家拳在湖南流传较广,但巫家拳并非湖南土生拳种,其源于福建,创始人为福建汀州人巫必达。巫必达幼学南少林拳,后习武当内家拳法,将福建少林拳术的各攻防手法,与武当内家法的藏精蓄气、培神固本之秘旨有机绪合而形成的一种既有别少林南拳,又不同于任何一种内家拳的独特拳巫家拳③。后巫必达来到湖南湘潭,并在此收徒,巫家拳在当地流传开来。巫家拳特点是拳法紧凑,刚劲不外露,环环相扣,无明显停顿;套路多为直线往返,无跌扑、翻滚和跳跃动作。在技击上,巫家拳讲究近攻、短打、连击,强调

---

① 湖南省体委武术挖整组. 湖南武术拳械录 [M]. 长沙:湖南省体委文史办,1992:163.
② 孙文辉. 蛮野寻根·湖南非物质文化遗产源流 [M]. 长沙:岳麓书社,2015:386.
③ 中国人民政治协商会议湖南省湘潭县委员会文史资料研究委员会. 湘潭县文史:第7辑 [M]. 湘潭:政协湖南省湘潭县委员会文史资料研究委员会,1992:254.

乘空而进，见隙必攻①。

第二节 湖北武术文化

一、湖北主要武术文化内容及地域分布

湖北是我国中部地区武术的代表，尤其以武当武术最负盛名，对周边地域武术亦有较大影响和辐射，此外还苗族、土家拳等少数民族武术，内容丰富。地方戏剧楚剧、汉剧以及民俗单刀会中亦富含武术元素。为了便于直观展示湖北各地武术文化内容，现将其进行汇总，具体详见表12-2。

表12-2 湖北主要武术文化内容汇总

序号	名称	简介	代表性地域分布	备注
1	武当武术	我国主要武术流派之一	十堰市	国家级非遗
2	岳家拳	湖北主要拳种之一	黄冈武穴市、黄梅县	国家级非遗
3	板凳拳	咸丰地方传统武术拳械	恩施咸丰县	省级非遗
4	唐手拳	天门地方拳种	天门市	省级非遗
5	太乙金刚拳	地方拳种	仙桃市	省级非遗
6	熊门拳	地方拳种，嘉庆年间京山县人熊开元所创	荆门京山市	省级非遗
7	杨氏洪门拳	地方拳种，由蔡甸拳师杨香庭在前人基础上创编而成	武汉市蔡甸区	省级非遗
8	鱼门拳	湖北主要拳种之一，又名"鱼门六家艺"	潜江市	省级非遗
9	孔门拳	湖北主要拳种之一，原称"空门"为明末清初严伏所创	黄石大冶市	省级非遗
10	武当纯阳拳	武当拳种	武汉市武昌区	省级非遗

①湖南省地方志编纂委员会．湖南省志：第22卷 体育志[M]．长沙：湖南出版社，1994：32.

续表

序号	名称	简介	代表性地域分布	备注
11	武当纯阳秘功	武当拳种	武汉市	
12	武当太极拳	武当拳种	十堰市	
13	武当太乙五行拳	武当拳种	十堰丹江口	
14	武当八卦掌	武当拳种	十堰市	
15	玄门五行拳	武当拳种	武汉市	
16	太和拳	武当拳种	武汉市	
17	严门	地方拳种	荆门京山市	
18	字门	地方拳种	荆门京山市	
19	水浒门	地方拳种	荆州洪湖市	
20	隐仙门	地方拳种	孝感汉川市	
21	佛门	地方拳种	武汉市汉阳区	
22	窄门拳	地方拳种	荆州市	
23	丹功门	地方拳种	孝感汉川市	
24	江陵通臂手	地方拳种	荆州江陵县	
25	锦八手	地方拳种	武汉市	
26	绵拳	外来拳种	武汉市	
27	土家族武术	土家族传统武术的总称	恩施土家族苗族自治州	
28	苗族武术	苗族传统武术的总称	恩施土家族苗族自治州	
29	楚剧	地方戏剧，含武打内容	武汉市	
30	汉剧	地方戏剧，含武打内容	孝感市	
31	越王勾践剑	文物	武汉，湖北省博物馆	
32	单刀会	民俗，农历五月十三	武汉市	
33	中国土家族博物馆	文化景观，内有土家族武术器械	恩施土家族苗族自治州	
34	孙氏冷兵器锻造技艺	铸剑工艺	孝昌县文化馆	省级非遗
35	武汉体育学院	高校	武汉市	
36	武当山国际武术学院	武术馆校	十堰市武当山	

续表

序号	名称	简介	代表性地域分布	备注
37	中国武当山武术学校	武术馆校	十堰丹江口市	

二、湖北代表性武术文化内容介绍

（一）武当武术

武当武术是与少林武术齐名的武术派系，发源地在湖北武当山，在我国各地均有流传，历史悠久，影响深远，2006年被列入第一批国家级非物质文化遗产名录。与少林武术与佛教的结合对应，武当武术则是与道教的结合，有鲜明的道家文化特征。它以道教哲学和道教理论为指导，结合道教医学、易学、内丹养生学等人体科学共性及规律，把武术技击与健身强体融为一体，形成了武功和养生方法的结合，以内养为本的宗旨，呈现出松沉自然、运行匀缓、轻柔婉转，外柔内刚，如浮云流水、连绵不绝的特色。武当武术体系庞杂，形成了众多门派和拳种，如武当太极拳、武当纯阳拳、武当太乙五行拳、武当八卦掌、玄门五行拳、太和拳等。器械中，武当剑是武当武术的代表性器械。

（二）岳家拳

岳家拳相传由民族英雄岳飞所创，原为军队中军士训练所用，后经过发展，逐渐形成体系完整的拳种，主要在鄂东一带流传，尤其以武穴、黄梅县为最。"身法以吞、吐、浮、沉为主，手法则以云雾抛托为主法，理法以残、疾、援、夺、牵、捺、逼、吸八字诀为主法"[①]。套路主要有：一字拳、二梅花、三门桩、四门架、五法、六合、七星、八法、九连环、十字桩。岳家拳讲究借力打力，消身闪打，刚柔相济，以打救打。岳家拳还注重精神、意识、气息的锻炼，通过内练培养人体的元气、正气，改善人体各系统和器官的功能，做到以内助外，以外促内，内壮外强，达到壮内强外、内外兼修。

---

① 湖北省体育运动委员会. 湖北武术史 [M]. 北京：人民体育出版社，1994：264.

（三）土家族武术

土家族主要分布在湘鄂渝黔省市接壤的武陵山脉。湖北是土家族分布较多的省份之一，主要分布在恩施土家族苗族自治州和宜昌长阳、五峰两县。土家族拳术俗称"土拳"，土家族自称为"打哈"（土家语）。据《土家族武术文化研究》记载，土家族相关的武术拳械套路共计120余种，其中拳术套路51种，器械套路36种，稀有器械套路32种。代表性的有土家余门拳、土家铁木拳、白虎拳、土家鸡形拳。武术器械除了常见的刀枪剑棍外，还有许多适应山地自然生存环境的稀有武术器械，如"燕尾斧、宫天梳、烟斗杆子、鸡爪棍、鸡公铲、板楯枪、杵棒、八角拐等"[1]，还有非常罕见的余门拳独有练功器械"龙桩"。土家族武术动作轻灵敏捷、简洁实用、花法较少，呈现出明显的民族性和地域性。

---

[1] 刘尧峰. 土家族武术文化研究 [D]. 上海：上海体育学院，2015：113.

巴蜀武术文化区域分布

第一节 重庆武术文化

一、重庆主要武术文化内容及地域分布

重庆是巴蜀文化的一部分，本土武术受四川峨眉武术影响较深，峨眉武术"五花八叶"中部分流派就分布在重庆。本土武术如向氏武术、梅丝拳也已经有很长历史，地域特色鲜明。此外，中央国术馆搬迁重庆期间，带来了许多全国流行拳种。本书在此对重庆武术文化内容进行汇总，详见表13-1。

表13-1 重庆主要武术文化内容汇总

序号	名称	简介	代表性地域分布	备注
1	中塘向氏武术	地方武术	黔江区	市级非遗
2	荣昌缠丝拳	地方拳种	荣昌区	市级非遗
3	渝北赵氏武术	地方武术，创始人为赵子虬	渝北区	市级非遗
4	江津况氏武术	地方武术	江津区	市级非遗
5	大足梅丝拳	地方拳种	大足区	市级非遗
6	复兴贺家拳	地方拳种	北碚区	市级非遗
7	昆仑太极拳	地方拳种	江津区	市级非遗
8	蚕门武术	地方拳种，象形武术	江津区	市级非遗
9	小洪拳	地方拳种	荣昌区	市级非遗

续表

序号	名称	简介	代表性地域分布	备注
10	金家功	地方武术	梁平区	市级非遗
11	八卦掌	外来拳种	九龙坡区	市级非遗
12	苏家拳	地方武术	荣昌区	市级非遗
13	夔龙术	地方武术，源自江西	奉节县	市级非遗
14	意拳	外来拳种	九龙坡区	市级非遗
15	传统太极微动桩拳	地方武术，在杨家太极拳基础上的继承、创新	南岸区	市级非遗
16	洪门拳	地方拳种，峨眉武术之一	南岸区	市级非遗
17	余家拳	地方拳种	铜梁区	市级非遗
18	杨式子能太极拳术	地方拳种，武术家周子能在杨式太极拳基础上的创新	重庆市市体育局	市级非遗
19	点易派	地方武术流派	涪陵区点易洞	
20	黄林派	地方武术流派	荣昌区	
21	青牛派	地方武术流派	丰都县青牛山	
22	赵门	地方拳种，峨眉武术之一	巴南区	
23	僧门	地方拳种，峨眉武术之一	重庆主城区①	
24	岳门拳	外来拳种，相传岳飞所创	重庆主城区	
25	杜门	地方拳种，峨眉武术之一	重庆主城区	
26	化门拳	地方拳种，峨眉武术之一	长寿区	
27	字门拳	外来拳种，源自江西	綦江区	
28	会门拳	地方拳种，来自江西	合川区、大足区	
29	拦手门	外来拳种，源自天津	长寿区	
30	满手门	地方拳种	江津区	
31	周家拳	地方拳种	江北区	
32	任家拳	地方拳种	永川区、大足区、铜梁区	

①注：重庆市主城区包括渝中区、江北区、南岸区、九龙坡区、沙坪坝区、大渡口区、北碚区、渝北区、巴南区，即通常所称的"主城九区"。

续表

序号	名称	简介	代表性地域分布	备注
33	子午门	源自四川峨眉山，在子午两个时辰练拳	重庆主城区	
34	三原门	外来拳种，源自陕西三原	重庆主城区	
35	山东打	外来拳种，源自山东	荣昌区	
36	八极拳	外来拳种，源自河北沧县	重庆主城区	
37	六合门	外来拳种，中央国术馆传入	重庆主城区	
38	内家南拳	外来拳种，属武当	永川区、江津区	
39	杨家拳	地方拳种	江北区	
40	苏家拳	地方拳种	永川区、江津区、荣昌区	
41	罗门拳	外来拳种	璧山区	
42	松溪内家拳	外来拳种，来自四川	重庆主城区	
43	鸿志拳	外来拳种，源自湖北	南岸区	
44	湖南南拳	外来拳种	重庆主城区	
45	燕青拳	外来拳种，源自河北沧州	重庆主城区	
46	螳螂拳	外来拳种，由沧州人赵锦才传入	重庆主城区	
47	清江黄氏杂技	现存的表演内容主要有高台狮子舞、高台空翻、牙叼功夫、火流星和飞镖等	荣昌区清江镇	市级非遗
48	巴渝传统射德会传统射艺	传统体育	南岸区	市级非遗

二、重庆代表性武术文化内容介绍

（一）缠丝拳

缠丝拳又称缠闭门、化门、残字门、蚕闭门，重庆荣昌称为缠丝拳。据《重庆市武术志》记载，缠丝拳系康熙、雍正年间杨德三在综合少林、武当、峨眉武术基础上，取蛇之"缠绕化解"，鹤之"鹤嘴连击，引进落空"自创武术拳种，有大约300年历史。经过发展，缠丝拳成为融易、武、医、道、佛、儒等传统文化为一体的武术门派,有三大绝学:缠闭武术、北斗星巽离易学、缠闭武医。在重庆、四川多数地区皆有流传,尤其以重庆荣昌区、大足区最为流行。缠丝拳基本理论为以缠绕化解为本,突出缠法,善用指掌肘腿封闭缠拿。特点是拳路短小精悍,有半手、满手之分,动作轻巧灵快,用劲柔中寓刚,缠、化、脆、沉四劲具全,朴实致用,连贯自然。掌多拳少,招式多变,步型不丁不八,进退滚跌,步活桩稳。身正仄偏,含胸拔背,沉肩坠肘,功架紧凑[1]。主要内容有桩功、拳术、器械、内功功法等,著名套路为十二手滥缠丝拳;代表性著作有《缠闭门武功阐秘》。代表人物有赵子虬、李毅立和彭程等。荣昌缠丝拳为重庆市市级非物质文化遗产。

(二) 梅丝拳

光绪年间(大约在1875年),梅姓女拳师到大足传授拳术,后人为缅怀其授艺之恩,将其所授拳术称为梅氏拳,因拳法"钩挂如扭丝",又称梅丝拳。梅丝拳至今已有140多年,主要流传在大足、永川、荣昌等地,以大足区最为盛行。其基本理论为"缠提断割随桩变,吞吐浮沉八卦先,上擒下拿封闭手,绕圆侧身腿踹弹。疾迅如奔鸟,起腾似猿猴;旋转如车轮,缓慢如老牛"[2]。风格特点是注重下盘功夫,步灵桩活,以缠提断割,封闭擒拿为主,多弹腿、蹬腿。代表性套路有"总桩""猫儿拳"等。目前,大足梅丝拳已经被列入重庆市第三批市级非物质文化遗产名录。

(三) 中塘向氏武术

中塘向氏武术是以家族姓氏命名且在家族内部传承的地域少数民族武术流派,自称其渊源可追溯到晋朝时期,向宗彦在军中任职,在他的影响下,形成了向家的男儿个个习武的习俗。[3] 在康熙年间,向氏家族迁徙至黔江中塘,经过后世的传承与发展,至今已经拥有完整的拳法、器械套路共16套,中塘向氏武术至今已传承8代人。内容包括:"拳术4套,为四明拳、偷身拳、五虎下溪拳、

---

[1]重庆市体育运动委员会. 重庆市武术志 [M]. 重庆:重庆出版社,1993:246.
[2]重庆市体育运动委员会. 重庆市武术志 [M]. 重庆:重庆出版社,1993:237.
[3]郑敬东. 重庆古文化资源研究 [M]. 重庆:重庆出版社,2014:248.

板凳拳；棍术3套，包括四明棍、子母棍、单头棍；刀术两套，包括双合刀、单刀；双铜一套37招；牛角叉一套46招；绳镖一套49招；九节鞭一套8招；流星锤一套49招；岳家枪法一套25招"[①]。拳术以四门拳与特色拳法板凳拳为代表，器械套路以向氏枪法与向氏棍法为代表。向氏武术与生产、生活密切相关，如板凳、扁担是日常用具，在土家族、苗族聚居区，吊脚楼里有一个四方形的火铺，火铺周围有高30厘米、长约1米的木板凳，如遇紧急情况，可迅速握住板凳一端出击；牛角叉等最开始用于狩猎，后来发展为武术器械。目前有《中塘向氏武术拳谱》一书。2010年，中塘向氏武术被列入重庆市第一批非物质文化遗产名录。

第二节 四川武术文化

一、四川主要武术文化内容及地域分布

四川武术是我国中西部地区武术的代表，拳种丰富，尤其在峨眉武术的影响下，衍生出许多小的拳种门派，以青城派、铁佛派、青牛派、点易派、黄林派"五花"和赵门、僧门、岳门、杜门、洪门、化门、字门、会门"八叶"为代表。青城武术、松溪内家拳也是四川重要武术内容。另外还有土家余门拳、彝族摔跤以及羌族、藏族等少数民族武术内容。地方戏剧川剧武打、成都民俗"达摩会"亦富含武术内容。在此对四川主要武术文化内容进行汇总，详见表13-2。

表13-2 四川主要武术文化内容汇总

序号	名称	简介	代表性地域分布	备注
1	峨眉武术	我国主要武术流派之一	峨眉山市、乐山夹江县	省级非遗
2	青城武术	四川主要武术流派	成都市都江堰市文化馆	省级非遗
3	峨眉盘破门武术	地方拳种	内江市资中县武术协会	省级非遗

[①] 王洪华. 重庆市非物质文化遗产名录（图典一）[M]. 贵阳：贵州人民出版社，2007：215.

续表

序号	名称	简介	代表性地域分布	备注
4	土家余门拳	土家族武术拳种	达州市宣汉县文化馆	省级非遗
5	绿林派武术	地方武术流派	雅安市雨城区文化馆	省级非遗
6	李雅轩太极拳	太极拳流派之一	成都市李雅轩太极拳武术馆	省级非遗
7	松溪内家拳	四川主要武术拳种之一	南充市松溪内家拳研究会	省级非遗
8	火龙拳	地方拳种	成都市	
9	黄林派	地方武术流派	内江隆昌市	
10	铁佛派（云顶派）	地方武术流派	金堂云顶山铁佛寺	
11	赵门	地方拳种，峨眉武术之一	成都市	
12	僧门	地方拳种，峨眉武术之一	成都市、内江市、乐山市	
13	岳门	地方拳种，峨眉武术之一	成都市	
14	杜门	地方拳种，峨眉武术之一	成都市、乐山市	
15	洪门	地方拳种，峨眉武术之一	成都市	
16	化门	地方拳种，峨眉武术之一	成都市	
17	字门	地方拳种，峨眉武术之一	内江市、自贡市	
18	会门	地方拳种，峨眉武术之一	雅安市	
19	余家拳	地方拳种	成都简阳市	
20	余门拳	地方拳种	达州达川区	
21	猴拳	地方拳种，象形拳之一	成都市	
22	子午门	地方拳种	乐山市	
23	自然门	地方拳种	达州达川区、雅安市	
24	彝族摔跤	彝族传统体育项目	凉山彝族自治州	

续表

序号	名称	简介	代表性地域分布	备注
25	卡斯达温舞	祭祀性舞蹈,身穿铠甲,手拿兵器表现征战内容	阿坝藏族羌族自治州黑水县	国家级非遗
26	翻山铰子	挥舞和击打铜质小镲"铰子"的舞蹈,有些动作名称与武术类似	巴中平昌县	国家级非遗
27	飞刀花鼓	曲艺和杂技的结合,表演者一边演唱,一边将手中的刀、叉、棒等物轮流抛向空中	成都市青羊区文化馆	省级非遗
28	搬打狮子	融武术、杂技、歌舞于一炉,集文狮、武狮于一体的民间艺术	泸州市纳溪区	省级非遗
29	羌戈大战	民间文学,羌族古典叙事长诗	阿坝藏族羌族自治州汶川县,绵阳北川羌族自治县	国家级非遗
30	钱棍	民间舞蹈	达州市万源市文化馆	省级非遗
31	藏族尔苏射箭节	藏族传统民俗	凉山彝族自治州甘洛县	省级非遗
32	喜德彝族叶形双耳腰刀制作技艺	传统技艺	凉山彝族自治州喜德县	省级非遗
33	川剧	传统戏剧	成都市	省级非遗
34	峨眉山庙会	民俗	峨眉山市、乐山夹江县	省级非遗
35	中国四川国际峨眉武术节	武术活动,每两年举办一次	峨眉山市	
36	达摩会	武术民俗活动,每年农历十月初十举行	成都望江楼公园	
37	成都汉画像砖《舞钺》《舞剑》	文物	成都市	
38	德阳汉化像砖《习射图》	文物	德阳市	
39	成都体育学院博物馆	人文景观	成都市	
40	青城武术博物馆	人文景观	都江堰市青城山	

二、四川代表性武术文化内容介绍

(一) 峨眉武术

峨眉武术是起源于四川峨眉山地区并广泛流传于整个四川乃至西南地区的武术总称,已有近3000年的历史,门派达80多个,拳种、拳路纷繁复杂,为中华武术三大流派之一。2008年入选第二批国家级非物质文化遗产名录。峨眉武术通过与峨眉山的佛、道、儒文化相互融合,促进了自身的发展。据史料记载,峨眉武术起源于殷商时期,至南宋形成较为系统的理论体系。它讲究刚柔相济,内外兼修,动作似快而慢,快慢相间,似柔而刚,刚柔相济。目前,"峨眉武术仍存在68个门派和2638种徒手、器械、对练、套路、练功方法和技击项目"[1]。主要内容包括"五花""八叶","五花"分别为都江堰青城山的青城派,金堂云顶山铁佛寺地区的铁佛派,重庆丰都地区青牛山的青牛派,重庆涪陵点易洞地区的点易派,四川隆昌及重庆荣昌两地的黄林派。八叶是指在世间流传的赵门、僧门、岳门、杜门四大家,洪门、化门、字门、会门四小家。

(二) 青城武术

青城武术是中国武术重要流派之一,发源于四川青城山,其渊源可追溯到东汉张凌创立道教正一派。青城山是中国道教发源地,所以青城武术深受道教及道家文化影响,道教文化、养生思想贯穿其中,以武入道,拳道合一,形成养生、修行、技击、演练于一体文化特色。青城武术以玄门太极和剑术见长,主要内容包括:内外功法(健身十八法、玄门太极长生功、盘功、健身延寿功等);练功器械(麻圈、枕头包、太极球、九宫桩等);掌法(铁砂掌、朱砂掌、毒药掌、毒砂掌、劈空掌、绵掌等);拳术(龙拳、虎拳、豹拳、蛇拳、鹤拳、火龙滚等二十三拳);器械(八母枪、紫虹剑、龙虎剑、白虎鞭、追风匕首、双卡、凤凰轮、背箭、足箭、伞、筷子、铁针、拂尘等);技击(太极散手、缠手、点穴

---

[1] 峨眉武术 [EB/OL]. [2020-03-19]. http://www.ihchina.cn/project_details/13821/.

术、空手入白刃等)①。其主要流传在都江堰及周边地区以及重庆部分地区。青城武术不仅是四川武术的重要组成部分，也是道教文化的主要内容之一，2009年青城武术被列入四川省第二批省级非物质文化遗产名录。

(三) 松溪内家拳

松溪内家拳是四川南充地区流行的武术拳种，源于明代浙江宁波四明山一带。松溪内家拳以人名立拳，关于张松溪，宁波地区多有记载。关于松溪内家拳在四川的起源与传承，据有关资料记载，清末，天津镖师张午亭护镖到四川，结识了当地的武术家陈晓东，并将松溪内家拳传授给陈晓东②，松溪内家拳便在四川繁衍生息并发扬光大。

松溪内家拳主要内容有：拳术套路有六步拳、咫尺拳、光明拳等 11 套；器械套路有虎尾鞭、连环锏、一苇棍等 11 套；功法有外壮功、内壮功等 6 套。其特点为：打法为辅跌法为主，多采用的是短打和擒跌技法，以静制动、后发先至、一击必杀，是近距离或贴身实用拳法；器械特别注重粘法击打，花法较少，对敌时多采用粘接伤手的动作，打掉对方手中兵器以制敌；注重内外兼修，讲究"内可健体外可御敌"③。

(四) 土家余门拳

相传华佗弟子路经四川宣汉时，将"五禽戏"传于余姓人家，余姓人家世代练习"五禽戏"，后以此为基础，逐渐形成了世袭的余氏拳术。乾隆四十年，余氏后代余有福融合其他门派武术创建独立的拳种，称为"余门拳"。土家余门拳"五禽"为"虎、鹿、熊、猿、鹤"，套路分徒手套路和器械套路，徒手套路是余门拳的主要内容，《四川武术大全》载有 30 路徒手拳，器械套路主要有余门棍、余门刀、余门枪、余门剑等。余门拳基本功以硬气功和桩功为主，硬功主要为铁掌功、铁肘功、铁腿（脚）功、铁板桥功等功夫；桩功分站桩、跑桩和串

---

① 四川省非物质文化遗产保护中心. 四川非物质文化遗产民间文学艺术集录 [M]. 成都：巴蜀书社，2011：5-6.
② 南充市地方志编纂委员会. 南充市志 [M]. 成都：四川科学技术出版社，1994：649.
③ 张军明. 非物质文化遗产视角下内江市松溪内家拳的传承与发展研究 [D]. 成都：成都体育学院，2018：8.

桩等，站桩练静心和肌肉，跑桩练脚力和稳定性，串桩增强身体的协调感。桩功中有独特武术桩功训练器械——"龙桩"，龙桩的上部用来练习手眼身法步，下部用来练习在狭小的空间内穿梭（参见央视《远方的家》栏目之《土家余门拳》）。土家余门拳有六大特征：仿生五禽重养生；卧牛之地显身手；短手寸劲巧借力；攻防严密重技击；重拳轻器手型多；朴实无华"操扁挂"[①]。技击上讲究"巧打快，快打慢，不贪打（贪打必挨打），但有机必打"[②]。医武合一是余门拳重要文化特点，土家余门医疗分含推拿在内的气功疗法和中草药医治跌打损伤、五劳七伤等。此外，余门拳还富含土家族文化特色，像武术器械中的牛角，钢钎、铲子等是具有土家族特色的器具。2008年土家余门拳被列入四川省第二批省级非物质文化遗产名录。

（五）川剧武打

"川剧"流行于四川、重庆境内及云南、贵州、湖北省的部分地区，是中国西南地区影响最大的地方剧种，尤其以四川的川剧最具代表性，是巴蜀文化的重要代表。2006年，四川省艺术研究院的川剧被列入第一批国家级非物质文化遗产名录。

"川剧"分小生、旦角、生角、花脸、丑角五个行当，其中武生最具武术特色。川剧武生分为靠甲武生、袍带武生、龙箭武生、短打武生等分支。最重要的武术功底为"四子"，"踢尖子""推衫子""耍翎子"和"提把子"[③]。其中踢尖子类似于武术中踢腿，正踢、侧踢、吻靴等，要踢到前额、太阳穴，要求武生须练"桩口功"。提把子又称刀枪把子，是戏曲舞台上刀、剑、枪、棍、斧、钩、戟等武术器械道具的统称，表现习练武艺、征战沙场，比武较艺等剧情。川剧武打包括打、舞两方面的内容。打分为分单对和档子，一般"成堂"（类似于套），如剑枪、棍棒枪、对刀，犹如武术对练；川剧武生的"舞"犹如武术单练，一般是器械练习，如一般常常使用的有大刀、长枪，戟、双剑等[④]，这就要求川剧武生要熟悉十八般兵器的技法。

[①] 四川省非物质文化遗产保护中心. 四川非物质文化遗产民间文学艺术集录：第2部（下）[M]. 成都：巴蜀书社，2011：19.
[②] 毛银坤. 四川武术大全 [M]. 成都：四川科学技术出版社，1989：1287.
[③] 文冬. 试论川剧武生的艺术特征 [J]. 四川戏剧，2016（1）：44-46.
[④] 夏庭光. 川剧武生的"四子功" [J]. 四川戏剧，1990（3）：23-25.

第十四章 滇黔武术文化区域分布

第一节 云南武术文化

一、云南主要武术文化内容及地域分布

云南是我国少数民族最多的省份，许多少数民族都有自己的特色武术，如傣拳、阿昌拳、德昂拳、纳西拳、布朗拳、佤拳、景颇拳、拉祜拳等，特色鲜明。团山民间武术、点苍派武术以及沙式武术等也是云南代表性武术内容。此外，少数民族舞蹈如纳西族东巴跳、禄丰彝族"大刀舞"、景颇族刀舞、布朗族长刀舞、彝族花棍狮子舞等富含武术元素，也是构成云南武术文化的重要组成部分。现将其进行汇总，详见表14-1。

表14-1 云南主要武术文化内容汇总

序号	名称	简介	代表性地域分布	备注
1	傣拳	傣族武术的总称	西双版纳傣族自治州、德宏傣族景颇族自治州	
2	白族拳	白族武术的总称	大理白族自治州	
3	哈尼拳	哈尼族武术的总称	红河哈尼族彝族自治州	
4	布朗拳	布朗族武术的总称	保山施甸县	
5	拉祜拳	拉祜族武术的总称	普洱市思茅区、临沧市	

续表

序号	名称	简介	代表性地域分布	备注
6	佤拳	瓦族武术的总称	普洱西盟佤族自治县和沧源佤族自治县	
7	傈僳拳	傈僳族武术的总称	怒江傈僳族自治州、迪庆藏族自治州、维西傈僳族自治县	
8	阿昌拳	阿昌族武术的总称	德宏傣族景颇族自治州陇川县、芒市	
9	纳西拳	纳西族武术的总称	丽江市古城区、玉龙纳西族自治县	
10	景颇拳	景颇族武术的总称,景颇刀术为典型代表	德宏傣族景颇族自治州陇川县、盈江县、芒市、瑞丽市、梁河县	
11	彝拳	彝族武术的总称	楚雄彝族自治州	
12	德昂族武术	流传在德昂族中的武术,以崩龙刀闻名	德宏傣族景颇族自治州	
13	独龙族武术	流传在独龙族中的武术,独龙族刀术是其代表	怒江傈僳族自治州贡山独龙族怒族自治县	
14	昭通清拳	地方武术总称,以邹家拳和彭家拳为代表	昭通市昭阳区	省级非遗
15	团山民间传统武术	个旧市大屯镇团山村彝族武术	红河哈尼族彝族自治州个旧市	省级非遗
16	点苍派武术	地方武术拳派	大理白族自治州	省级非遗
17	傣族传统武术	流传在傣族中的传统武术总称,象形取意是其特色	西双版纳傣族自治州景洪市	省级非遗
18	沙式武术	以太极、八卦、形意和通背四家为主体而形成的拳械体系	昆明市(沙国政武术馆)	省级非遗
19	形意拳	外来拳种	昆明市	
20	八卦掌	外来拳种	昆明市	
21	太极拳	外来拳种	昆明市	
22	查拳	外来拳种	昆明市	

续表

序号	名称	简介	代表性地域分布	备注
23	八极拳	外来拳种	昆明市	
24	通背拳	外来拳种	昆明市	
25	纳西族东巴跳	民间舞蹈，其中的刀舞富含武术内容	丽江市古城区、玉龙纳西族自治县	省级非遗
26	禄丰彝族"大刀舞"	民间舞蹈	楚雄彝族自治州禄丰县	省级非遗
27	景颇族刀舞	民间舞蹈	德宏傣族景颇族自治州陇川县	省级非遗
28	布朗族长刀舞	民间舞蹈	西双版纳傣族自治州	
29	傣族狮子舞	傣族民俗表演与习武健身的结合	玉溪元江哈尼族彝族傣族自治县	省级非遗
30	彝族花棍狮子舞	彝族民间舞蹈	玉溪新平彝族傣族自治县	省级非遗
31	霸王鞭	白族民间舞蹈	大理白族自治州剑川县	省级非遗
32	苗族射弩	苗族传统体育项目	昭通大关县	省级非遗
33	彝族摔跤	彝族传统体育项目	昆明石林彝族自治县	国家级非遗
34	景颇族目瑙纵歌	传统民俗，每年的正月十五、十六，有刀舞	德宏傣族景颇族自治州陇川县	国家级非遗
35	傈僳族刀杆节	传统民俗，每年正月十五举行，地戏刀舞含武术内容	怒江傈僳族自治州泸水市	国家级非遗
36	阿昌族户撒刀锻制技艺	传统技艺	德宏傣族景颇族自治州陇川县	国家级非遗
37	迪庆藏刀制作技艺	传统技艺	迪庆藏族州	省级非遗
38	沧源岩画	文物古迹，原始武术遗迹	临沧沧源佤族自治县	
39	云南沙国政武术馆	武术馆校	昆明市	
40	云南鸿志国术研究会	武术馆校	昆明市	
41	昭通武术馆	武术馆校	昭通市	

二、云南代表性武术文化内容介绍

(一) 景颇族刀术

景颇族称刀为"日恩途"①,意即"生命刀",刀是景颇民族的图腾之一,民族图腾目瑙示栋中最显眼的是交叉放着的两把大刀。景颇刀一般长60厘米,上宽下窄,没有刀尖。传说景颇族人用神仙送给的刀,杀死了魔王,不久,藏族人来借武器。景颇人就把刀尖掰下来送给他们,从此,景颇人挂的长刀是平头的②。景颇族孩子长到12岁就要佩刀,服饰中必定是长刀随身,漂亮的景颇刀是每个景颇族男子的骄傲。

景颇刀术是景颇武术的典型代表,有"'文蚌'和'彪赞'两种类型"③,"文蚌"主用于观赏、娱乐、表演;而"彪赞"则有较强的攻防实战价值。景颇刀术有重进攻和实战的单刀和双刀套路,功法中有以最见功力的"三刀半"④ 刀功等。景颇刀术步伐变化多样,速度快,柔中有刚,刚中有柔,身体全蹲或半蹲,主要刀法是砍、扫、剁、抹,由于传统景颇刀没有刀尖,所以没有刺的动作。景颇族在最重要的民族节日"目瑙纵歌"中,由瑙双(巫师)带领族中男子舞长刀是重要内容。景颇刀术的产生与其所处地域及生产方式有关,南方气候温暖湿润,植被生长迅速,山林地区一些小路往往被植被覆盖,甚至很多地方没有路,必须用刀来开路才能出行,正如景颇族谚语所说,"景颇山上的路是用长刀砍开的"。于是,刀就成了出行的最好工具,具有无可替代的作用。由于使用频繁,就在生产工具的基础上衍生出舞刀等文化艺术形式。

(二) 傣拳

傣拳是傣族文化的重要内容,历史悠久,普及面广,习武强身是傣族男子要

---

① 史继忠. 中国南方民族的体育(下)[J]. 贵州民族研究,1992(4):89-94,105.
②《民族体育集锦》编写组. 民族体育集锦[M]. 北京:人民体育出版社,1985:127.
③ 张延庆. 西南少数民族武术文化阐析[J]. 体育文化导刊,2009(1):137-140.
④ 景颇的刀功表现在"三刀半"上。即把一根竹子扔向空中,刀手能立即劈上三刀断为四截。半刀是指能把其中一截竹子在其落地前再劈一刀,削断半截。

做的三件事之一。傣拳内容丰富，相传有130多套。从实战来分，分为"花拳"和"武拳"两大类，从形式上看，分徒手类、器械类和象形类3种①。拳术有三坑式、四门拳、美人拳、木桩拳等；器械类有象牙刀、傣族大刀、棍术、标术（似花枪）、洞尖术（亦称链枷）等套路。此外还有对练，徒手对练称作"对手拳"；双刀对练称为"象牙拳"；对打棍称为"对角"②。其技术特点是：架势低平，节奏紧凑，快速灵活，多贴身近打。手法多动肩重肘，两肘不离肋，步法多四平马步、半马步、跪步等。傣拳另一重要特点是象形取意，善从飞禽走兽的姿势、神态中吸取武韵，糅合在武术之中，如孔雀拳、青蛙拳、喜鹊拳、金鸡拳、象牙拳、蛇拳、鹭鸶拳、马鹿拳、猴拳、大象拳等。演练时而像小鹿逗趣；时而像大象鼻战，时而又像野牛角斗。武术演练时多伴随音乐，受舞蹈文化的影响，很多套路非常优美，有"凤凰拳"的美称。

（三）彝族团山民间传统武术

团山民间传统武术指个旧市大屯镇团山村以彝族为主体的民间练武习俗，其武术内容不属于常规的武术拳种或门派，而是一个地域武术体系，村里人经常称为"武艺"或"团山武艺"。其起源与形成没有明确记载，一般认为与其民族性和地域性有关。首先，彝族是一个尚武的民族，从最初狩猎中，就形成了具有民族特点的拳打、脚踢、摔等被称为"决打"（格斗）③的技术。在地域上，团山所在的大屯是历代军屯所在地和充军发配地，为团山武术的形成提供了人力资源。团山武术徒手套路有蔡家拳、小洪拳，器械中既有刀枪棍等常用兵器，也有耙、叉、锄头等劳动工具。器械对练有"杆子对三尖叉，齐眉棍对练，全套武艺共有上百个招式动作"④。套路演练形式以"踩四门"最具代表性，即按"东、西、南、北"四个方位各打一趟，通常在节日和祭祀时表演。其训练形式由高到低分为个人套路练习、二人对练、活步对剑、对练散剑四个阶段。由于其历史悠久、特色鲜明，彝族团山民间传统武术于2014年被列入云南省第三批省级非物质文化遗产名录。

---

①郭振华. 滇黔武术文化研究［D］. 上海：上海体育学院，2013：148.
②施吉良，李超，王聚安. 云南民族传统体育［M］. 长春：吉林大学出版社，2015：28.
③玉溪地区民族事务委员会. 玉溪地区民族志［M］. 昆明：云南民族出版社，1992：53.
④张馨予. 探析云南省非物质文化遗产"团山民间武艺"发扬光大的路径［J］. 知识—力量，2019（10）：43.

（四）哈尼族武术

哈尼族是云南少数民族之一，聚居于红河、江城、墨江、新平及镇沅等地。哈尼族武术被称为"磕腊敌"，意为"脚手打"[1]，是哈尼族体育之一。主要内容为基本功、套路运动、自由搏击运动三类。基本功有肩臂功、腰功、桩功、鼎功、腿功、跳跃功、滚躺功等。拳术主要有哈尼拳、滚躺拳、象形拳等。哈尼族的武术器械主要来源于生活及生产劳动工具，有镰刀、弯刀、匕首等短器械，矛、枪、棍、叉等长器械，其中哈尼刀、三角叉是其特色。搏击是应用哈尼族的摔跤和武术中的踢、打、擒拿等动作的实战。哈尼族武术特点为"动作原始古朴，招式明快，吞吐沉浮，粗犷豪放，保持矮桩，常以发声吐气助发力，充分展现了丛林争搏之雄风"[2]。此外，哈尼族舞蹈如莫搓搓舞、猴子舞与哈尼族拳术有密切关系。有研究者认为，哈尼族武术器械棍、刀中的动作演变成了碰鼓舞中的撩铬、云碰、劈碰等，鼓槌的各种敲击法有些也是从棍、刀、链枷等武术动作中演变而来。

第二节 贵州武术文化

一、贵州主要武术文化内容及地域分布

贵州是少数民族聚居地区，少数民族武术如苗族武术、布依族武术、侗族武术、彝拳、仡佬拳、水拳、壮拳、瑶拳、畲族武术等是具有民族特色的武术内容。俞派少林拳、少林俗家功夫、游氏武术、温水小手拳、贵州黑虎拳等也是贵州主要武术拳派。此外，安顺地戏也富含武术元素，是贵州特色武术文化内容。现对此进行汇总，详见表14-2。

---

[1] 戴庆夏，中央民族大学哈尼学研究所. 中国哈尼学：第 2 辑 [M]. 北京：民族出版社，2002：161.
[2] 李德祥. 中国哈尼族武术文化初探 [J]. 云南师范大学哲学社会科学学报，1994（6）：81-85.

表14-2 贵州主要武术文化内容汇总

序号	名称	内容简介	代表性地域分布	备注
1	苗族武术	流传在苗族中的传统武术	黔东南麻江县、剑河县，铜仁松桃苗族自治县	省级非遗
2	布依族武术	布依拳	黔西南安龙县	省级非遗
		布依族棍术	黔西南贞丰县	省级非遗
		布依族耍猫叉	黔南独山县	省级非遗
		布依族铁链械	贵阳市花溪区	省级非遗
3	侗族武术	侗拳	黔东南天柱县、黎平县	省级非遗
		侗族月牙铛	黔东南天柱县	省级非遗
4	彝拳	彝族武术的总称	毕节市、威县彝族回族苗族自治县	
5	仡佬拳	仡佬族武术的总称	安顺市、毕节市、毕节大方县、遵义道真仡佬族苗族自治县	
6	水拳	水族武术的总称	黔南三都水族自治县、独山县、荔波县	
7	回回拳	回族武术的总称	毕节市、威宁彝族回族苗族自治县	
8	壮拳	壮族武术的总称	黔南布依族苗族自治州、黔东南苗族侗族自治州	
9	瑶拳	瑶族武术的总称	黔东南苗族侗族自治州、黔南布依族苗族自治州	
10	土家拳	土家族武术的总称	铜仁市	
11	畲族武术	畲族武术的总称	黔东南麻江县	省级非遗
12	俞派少林拳	地方拳种	贵阳市	
13	游氏武术	地方武术，创新武术	遵义赤水市	省级非遗
14	温水小手拳	地方拳种	遵义习水县	省级非遗

续表

序号	名称	内容简介	代表性地域分布	备注
15	少林俗家功夫	以硬气功为代表的武术	遵义绥阳县	省级非遗
16	贵州黑虎拳	地方拳种	贵州省非遗中心	省级非遗
17	勾林	又称"钩镰功夫",侗族特色武术器械	黔东南天柱县	省级非遗
18	侗族摔跤	侗族传统体育项目	黔东南黎平县	省级非遗
19	苗族射弩	苗族传统体育项目	毕节织金县、安顺普定县	省级非遗
20	安顺地戏	以故事为情节,手执戈矛刀戟等器械表现征战格斗情节的地方戏剧,与安顺屯军有关	安顺市	国家级非遗
21	巫山岩画	岩画有武士佩剑等原始武术内容	黔南龙里县	

二、贵州代表性武术文化内容介绍

(一) 贵州苗族武术

贵州苗族武术习惯称苗拳,分布广泛于"安顺、紫云、镇宁、兴义、贞丰、望谟、安龙、威宁、平坝、松桃、思南、铜仁、都匀、凯里、镇远、黎平、榕江、从江"[1]等苗族居住区。内容丰富,不同地域有不同拳械,如安顺苗拳、八门擒打、张家拳、杨家拳、四门拳等,套路多以走"四门""工"字形或"八方""六合"[2]为主。此外,还有芦笙拳、芦笙刀等地域特色武术。另外,苗族舞蹈如惠水县打引乡董上苗族的马刀舞,也富含武术内容。

(二) 侗族武术

侗族武术是指具有侗族特色的民间武术,主要流传在贵州省黎平、榕江、从江、锦屏、天柱、镇远、剑河、三穗、雷山、荔波等地区。侗拳的练习中讲究

---

[1]冯胜刚. 独特的贵州苗族传统武术 [J]. 当代贵州, 2010 (20): 63.
[2]郭振华. 滇黔武术文化研究 [D]. 上海: 上海体育学院, 2013: 134.

"刚劲迅猛",练习时不时还会发出"嘿""哈"等声音,以壮拳威。在技术上,侗拳重视手上技术,在进攻与防守上都强调"手防""手攻"①。武术器械特色鲜明,代表性有月牙铲、飞叉等,此外,还有"勾林"②,"勾林"即当地侗族人出行开路、进行生产劳动的工具,有勾林舞和勾林套路,是亦武亦舞的民间艺术、体育形式。

(三) 布依族武术

布依族武术主要分布在黔南、黔东南、黔西南、安顺地区和贵阳市等布依族聚居地区,贞丰,安龙,独山,花溪最具代表性。布依族的拳有:"敬礼拳、四门开、一线拳、八宝拳、呼(乌)龙打滚、单鞭拳、观音四面、蜜蜂采花、民间气功,对打对折"③等。器械以布依族铁链械、布依族棍术、布依族耍猫叉为代表。此外,还有一些独具民族和地域特色的项目,如"长凳术、头帕术、飞石术"④等。头帕术,布依族喜欢戴头帕,本族拳师们根据鞭术而利用之,使头帕具有装饰和防身两种功能。飞石术,因南、北盘江畔布依族聚居地区多鹅卵石,人们便把鹅卵石作为武斗武器,经过训练,达到和飞刀、箭等相似的功能,能远距离击中对方目标。

(四) 安顺地戏

安顺地戏是流行于贵州省安顺市的地方戏,是祭祀、娱乐、演习军事的综合艺术形式,相关研究认为其与明代安顺屯军有关。明朝军队在贵州设有多个卫、所,其中安顺有3个卫、2个守御千户所,史料上称卫所军士为"屯堡人",有了屯堡人,地戏也就随之出现了。安顺地戏是借助历史和小说故事为背景,以地方戏剧的形式来表现一种军事战斗场景,内有众多武打戏。以薛家将、杨家将、

---

① 罗辑,刘积德. 非物质文化遗产视域贵州侗族民间武术的传承与发展 [J]. 贵州民族研究,2014,35(7):93-96.
② 李明. 侗族勾林的传承与保护研究 [J]. 南京体育学院学报:自然科学版,2017,16(4):137-142,150.
③ 郑绍涛,陆兆明. 贵州布依族、水族的武术动运 [J]. 贵州师范大学学报:社会科学版,1986(4):69-70.
④ 李德洙,梁庭望. 中国民族百科全书11·布依族、侗族、水族、仡佬族 [M]. 西安:世界图书出版西安有限公司,2015:722.

岳家将、狄家将、三国英雄、瓦岗好汉为主角，表演时演员手持武术器械，形式以对打为主。安顺地戏与其他一些地方的祭祀舞蹈有所不同，"安顺地戏只演武戏，每场必开打；用真刀真枪进行格斗，军事技击术突出"①。安顺地戏的枪、棍等技术动作与武术动作类似，表现形式与武术套路有相似之处，是戏曲与武术的结合，是古代军队演武的历史遗存。2006年安顺地戏被列入首批国家级非物质文遗产名录。

---

① 郭振华，白晋湘. 安顺地戏的武术文化解读 [J]. 体育学刊，2013，20（6）：108-110.

第十五章 闽台武术文化区域分布

第一节 福建武术文化

一、福建主要武术文化内容及地域分布

福建是闽台武术的代表,受南少林武术文化影响,形成了南少林五祖拳、南少林花拳、南少林宗鹤拳等代表性拳种。此外,传统咏春拳、地术拳等也是福建知名拳种。由于山海阻隔,福建本土一些小的武术拳种如连城拳、俞家棍、畲族武术等保存较完好,特色鲜明。以宋江阵、盾牌操为代表的民间舞蹈也是福建武术文化内容之一。福建武术文化内容丰富,形式多样,地域分布广,现将其进行汇总,详见表15-1。

表15-1 福建主要武术文化内容汇总

序号	名称	简介	代表性地域分布	备注
1	五祖拳	福建本土主要拳种之一	泉州市(泉州市武术协会)	国家级非遗
2	地术拳	福建本土特色拳种	福州市(福建省地术拳协会)	国家级非遗
3	传统咏春拳	福建本土主要拳种之一	福州市	国家级非遗
4	泉州少林花拳	地方拳种	泉州市	
5	永春白鹤拳	福建本土主要拳种之一	泉州市	
6	邱鹤拳	地方拳种	宁德福安市	

续表

序号	名称	简介	代表性地域分布	备注
7	五兽拳	集龙拳、虎拳、鹤拳、猴拳、蛇拳于一体,谓"五兽拳"	龙岩市	
8	虎拳	地方拳种	福州市	
9	南佛拳	地方拳种	宁德市	
10	达尊拳	地方拳种,达尊拳取"达摩尊者"之意	漳州市	
11	狮拳	地方拳种	福州市	
12	牛拳	地方拳种	福州市长乐区	
13	鸡拳	地方拳种	福州永泰县	
14	女人拳	地方拳种,模仿古代妇女日常生活中的动作姿态	福州市	
15	蟳法	地方拳种	福州市	
16	鱼拳	地方拳种	福州市	
17	猴拳	地方拳种	福州市	
18	鸟迹拳	地方拳种	福州福清市	
19	文拳	地方拳种	宁德市、福州市	
20	安海拳	地方拳种,相传为"安海"僧人所创	福州永泰县	
21	自然门武术	福建主要拳种之一	福州市(福建自然门协会)	省级非遗
22	南少林宗鹤拳	地方拳种	福州福清市	省级非遗
23	永泰虎尊拳	取虎之形意为拳,练者难,成者尊,故取名为"虎尊拳"	福州永泰县	省级非遗
24	香店拳	相传少林武僧智远在福州"庆香林"香火店传授罗汉拳,因避嫌隐名"香店拳"①	福州市	省级非遗

①福建省文化厅. 福建非物质文化遗产名录[M]. 福州:海峡文艺出版社,2008:304.

续表

序号	名称	简介	代表性地域分布	备注
25	八井拳	畲族武术拳种，因畲族后裔迁居八井村而得名	福州罗源县	省级非遗
26	新垵五祖拳	五祖拳地方流派之一	厦门市	省级非遗
27	上杭女子五枚拳	地方拳种	龙岩上杭县	省级非遗
28	畲族武术（盘柴槌）	畲族棍术，分长棍和短棍两种	宁德霞浦县	省级非遗
29	南安蛇脱壳古阵法	源自太祖拳的古老阵法	泉州南安市	省级非遗
30	连城拳	福建省连城县的地方传统武术	龙岩连城县	省级非遗
31	六合门	地方拳种，源自河北但又有所创新	福州市（华夏武术发展中心）	省级非遗
32	南少林武术（莆田）	地方武术	莆田市城厢区	省级非遗
33	张三丰原式太极拳	地方拳种	心武自然门武术研究院	省级非遗
34	漳州太祖拳青龙阵	以棍为器械演练的古阵法	漳州市	省级非遗
35	俞家棍	地方拳械，相传俞大猷以太祖拳和荆楚剑技为基础提炼而成	泉州市洛江区	省级非遗
36	畲族武术（福安金斗洋畲族拳）	地方少数民族武术	宁德福安市	省级非遗
37	儒家拳	地方拳种，相传由4位儒士所创	福州市晋安区	省级非遗
38	上乘梅花拳	地方拳种	福州市鼓楼区	省级非遗
39	闽东传统武术（龙桩拳）	地方拳种	宁德市	省级非遗
40	何阳拳	地方拳种	漳州市	省级非遗
41	泉州刣狮（亦称"狮阵"，分为石狮刣狮、鲤城刣狮）	又叫"武狮""舞南狮"泉州南少林武术与狮子舞蹈的结合	泉州石狮市卢厝村、泉州市鲤城区	省级非遗
42	厦金宋江阵	民间舞蹈	厦门市	省级非遗
43	宝剑制作技艺（明溪）	传统技艺	三明明溪县	省级非遗

续表

序号	名称	简介	代表性地域分布	备注
44	藤牌操	民间舞蹈	福州平潭县	省级非遗
45	畲族竹林刀花	民间舞蹈，以柴刀为道具	宁德市	
46	福建土楼	人文古迹，具有防御与军事战争色彩	漳州市、龙岩市、泉州市	
47	东禅少林寺	人文景观	泉州市	
48	莆田少林寺	人文景观	莆田市西天尾林山村	
49	福清少林寺	人文景观	福州福清市长东乡东张镇	
50	太祖拳武馆	武术馆校	漳州市	
51	福建省武术院	武术组织	福州市	
52	新江武术馆	位于五祖拳发源地新垵村，内有"五祖"画像	厦门市海沧区新垵村	
53	黄性贤宗师纪念馆	人文景观	福州市	
54	中国永春白鹤拳史馆	建于2009年	泉州永春县	
55	黄培松故居	清末武状元黄培松故居，黄培松为台湾五祖拳的主要传播人	福州市	
56	两岸传统武术大赛	武术赛事	福建省	

二、福建代表性武术文化内容介绍

(一) 南少林

传说福建许多拳种源于南少林，所以南少林在福建武术甚至是我国东南地区武术中占有至关重要地位，但是关于南少林位置所在尚无定论。目前主要有三处实体寺庙，分别是：莆田市荔城区西天尾镇林山村莆田少林寺；泉州市东禅少林寺；福清长东乡东张镇福清少林寺，三处都与南少林有关。这三座寺庙均为重建，分别如下：

1986年，莆田市在西天尾镇北部九莲山麓发现一处古建筑遗址，尚存花岗岩石槽残碑、石柱等，槽上刻有"当院僧兵永其佳其合共造石槽一口"，槽旁刻有"诸罗汉浴煎茶散"字样，"说明当时和尚用本地盛产的茶叶等煎煮的汤药来浸泡身体，达到舒筋活血、治伤壮力的疗效，这应该说和练武有很大的关系"[1]。又从残碑、石柱上的"林泉院""寺山界"字样推测此遗址可能是南少林寺遗址。1992年福建省政府正式批准莆田市政府在遗址上重建南少林寺（莆田少林寺）。

泉州南少林又名镇国东禅寺，始建于唐朝，兴盛于两宋，至今已有上千年历史。经历几度兴废，史迹犹存。近代著名少林学者唐豪《少林拳术秘诀考证》一书中认为真少林共七个，其中一个在泉州（福建）。1992年，在泉州市委、市政府及海内外热心人士的支持下，少林寺（泉州少林寺）开始复建。

经考古工作者调查、考证和考古挖掘，1993年6月4日，在福清市东张镇少林自然村，找到了少林寺遗址。又经福建省、福州市联合考古队对遗址进行考古发掘，在遗址中发现"少林院""少林"等石刻铭文，1994年，福建省宗教局和福州市政府先后批准福清市在遗址上重建南少林寺（福清少林寺）。

（二）五祖拳

五祖拳又称五祖鹤阳拳，是福建七大拳种中历史最悠久、传播地域最广泛的拳种。据传在清末由福建泉州人蔡玉明所创，综合当时闽南一带流行的白鹤拳、猴拳（行者拳）、罗汉拳、达尊拳和太祖拳五种拳法，以鹤拳为根基，还渗透了凤阳拳师的技法，故称"五祖鹤阳拳"[2]。

五祖拳内容体系有"功法、套路、散手、阵法"[3]。五祖拳典型特点是"白鹤手、齐天指、太祖足、达尊身、罗汉步"，基本技法有：身体姿势"鹅头蜻蜓腰"，即头正项直，腰似蜻蜓；手法上讲究"吞、吐、浮、沉"；步型"紧裆窄马"；技法上强调以静制动，以虚击实，以速御迟。风格特点为架式小而紧，简洁实用，直截了当，拳势激烈。五祖拳"有套路两百余套"[4]，拳术、器械自成

---

[1] 林荫生. 中国南少林 [M]. 福州：福建人民出版社，2013：12.
[2] 中国武术大辞典编辑委员会. 中国武术大辞典 [M]. 北京：人民体育出版社，1990：46.
[3] 翁信辉. 南少林五祖拳的历史与文化 [D]. 上海：上海体育学院，2008：107.
[4] 中国非物质文化遗产保护中心. 第二批国家级非物质文化遗产名录简介 [M]. 北京：文化艺术出版社，2010：298.

体系，名家辈出，是闽南文化的重要组成部分，目前已经被列入国家级非物质文化遗产名录。

（三）永春白鹤拳

永春白鹤拳是福建武术的代表性拳种，以鹤为形，以形命拳，取象于名，"为清朝康熙年间方七娘所创"①，方七娘居福建福宁府北门外，后移居永春，故又简称"永春拳"。《永春县志》中有"康熙间，有方七娘者与其夫曾四罪谪永春"的记载。

永春白鹤拳作为象形拳，模仿鹤的动作与神态，手法多变，步伐稳固，发劲讲究灵巧的弹性和撞、抖的爆发力。主要内容包括功法、拳术和器械套路，以及点穴等。技击上讲究"子午虚实，吞吐浮沉，刚柔缓急，后发先至"②。经过不断发展，其内容不断丰富，功能价值不断扩展，将道家的呼吸吐纳融于套路中反复操练，大大地促进了身体内部器官的锻炼，使永春白鹤拳成为一门健身价值极高的拳术。1928年冬，"中央国术馆福建省永春分馆"（"翁公祠武术馆"的前身）在永春成立，后应著名侨领陈嘉庚邀请组"南洋国术团"巡演东南亚，永春白鹤拳随之延播东南亚③。目前，还建有永春白鹤拳史馆以及永春白鹤拳研究会等民间组织。

（四）地术拳

又称"地术犬法""地法""狗拳"，是模仿狗的机警敏捷、灵活刚健、凶猛，以踹、蹬、扫、勾、撩、踢、绊等腿法为主来施展各种地术攻击动作的拳种，相传由清代白莲庵尼姑"四月大师"所创④。地术拳是传统武术中的一个重要拳种，主要流行于福建南部地区，经过百余年的传承，融合了南拳的特点，演化出了许多分支流派。目前福州一带传承的地术拳，传自陈依九拳师。

地术拳主要分为上、中、下三盘。上盘套路有三战、三十六手等，重视手法和步法、脚法和身法的协同应用；中盘套路有双蝙蝠、七星坠地等，动作以立跪

---

① 林建华. 福建武术史 [M]. 厦门：厦门大学出版社，2013：157.
② 苏瀛汉，林建华，苏君毅. 永春白鹤拳大观 [M]. 厦门：厦门大学出版社，2016：50.
③ 洪正福，林荫生，苏瀛汉. 三百年来的永春白鹤拳 [J]. 体育文史，1986（4）：29-32.
④ 福建省文化厅. 福建非物质文化遗产传承人图典（3）[M]. 香港：海峡书局出版社，2014：120.

为主，多摆矮桩，具有承上启下的转合作用。下盘动作即指倒地的地上动作，主要套路有十八联珠、梅花秀、十八滚、三狮滚等，动作以跌、扑、滚、翻、绞、穿为主，两手支撑为辅，是地术拳的核心和灵魂，"克敌制胜"的法宝[1]。实战中以下盘技术为主，讲究"先发制人，声东击西，后发制人，被动反击，以弱胜强，捆绑擒拿"[2]。

地术拳上、中盘多似南拳，手法多变，步型重心较低，桩功稳固沉着，喜使短劲，多先进后发力，并以发声吐气以助势力。所以，地术拳集南北武术之优势，上、中、下三盘融会贯通，形成了快速迅猛的南拳手法及灵活多变北方腿法的结合。我国武术中一直有"南拳北腿"之说，南拳多重手法，北方以腿法著称。但地术拳与之不同，尤以下盘为绝，依靠倒地后充分发挥地上自护能力和技击捆绑动作，以脚为主，用手为辅，故有"狗（犬）法全凭脚打人"之说。在中国武术中，以倒地打法为主的拳种不多，地术拳是南方拳种中此类攻防技法的代表性拳种，被认为"是南拳中地趟动作最多"[3] 的拳种。

第二节 台湾武术文化

一、台湾主要武术文化内容及地域分布

台湾武术受福建、广东两省武术的影响，如五祖拳、白鹤、金鹰、太祖、少林、咏春等流行甚广。此外，国术馆也传入众多拳种，如少林、太极、形意、八卦、螳螂、八极等。地方武术以云林西螺七崁为代表，不仅有众多地方拳种，而且是台湾武馆的主要源头，共衍生出"勤习堂""振兴社""武野馆"及"振兴馆"四个武馆系统。此外，以宋江阵为代表的民俗武术也是台湾武术的重要组成部分。现对台湾主要武术文化内容进行汇总，详见表15-2。

---

[1]方奇. 闽台民间体育传统习俗文化遗产资源调查 [M]. 厦门：厦门大学出版社，2014：155.
[2]陈光明，罗伟文. 狗拳（地术拳）实战技术介绍 [J]. 精武，2010（7）：76-77.
[3]周海凤，林晓花. 体育非物质文化遗产福建地术拳传承模式与传承路径探析 [J]. 福建体育科技，2016，35（4）：16-19，27.

表 15-2　台湾主要武术文化内容汇总

序号	名称	简介	代表性地域分布	备注
1	太极拳	外来拳种	台北市及台湾各地	
2	少林拳	外来拳种	台北市	
3	形意拳	外来拳种	台北市	
4	八卦掌	外来拳种	台北市	
5	螳螂拳	外来拳种	台北市、高雄市、台南市	
6	八极拳	外来拳种	台北市、高雄市	
7	查拳	外来拳种	台北市、高雄市	
8	南少林拳	外来拳种	台北市	
9	太祖拳	外来拳种	云林县	
10	五祖拳	外来拳种	台南市	
11	洪拳	外来拳种	彰化县、南投县	
12	永春白鹤拳	外来拳种	台北市、台中市	
13	地功拳	外来拳种	台中市	
14	西螺七崁武术	地方武术的总称	云林县	
15	咏春拳	外来拳种	台北市	
16	金鹰拳	地方拳种	云林县	
17	布鸡拳	地方拳种	云林县	
18	流民拳	客家武术拳种	新竹县	
19	岳飞拳	客家武术拳种	苗栗县	
20	宋江阵	以武术为主要内容的民俗	高雄市内门区、屏东县	
21	金狮阵	传统民俗	台南县西港乡	
22	白鹤阵	传统民俗	台南县七股乡	
23	五虎平西阵	传统民俗	台南县西港乡	
24	台湾"中华武术总会"	1989年9月30日成立的武术团体，发起单位为台北国术会	台北市	
25	台北国术会	1951年成立，台湾地区最早的武术协会	台北市	

续表

序号	名称	简介	代表性地域分布	备注
26	台湾国术研究中心	武术研究机构	台湾体育学院	
27	台湾太极拳总会	1956年成立于台北	台北市	
28	台湾"中华国际太极拳联盟总会"	1980年成立于台北	台北市	
29	梅门	以气功养生和武术戏剧为特色	台北市	
30	振兴宫	又称阿善师庙，武术馆振兴社创始人阿善师墓园所在地	云林县	
31	同义堂	武术馆	彰化县、南投县	
32	西螺七崁武术嘉年华	武术活动	云林县	

二、台湾代表性武术文化内容介绍

(一) 云林西螺七崁武术

西螺七崁在台湾民间武术界地位犹如河北之沧州，是台湾南派武术的代表和标志。西螺位于云林县最北端，七崁是指在云林县西螺、二仑、仑背等地区定居的张廖家族子孙，为自保实施宗教联防自保的制度，按照其居住地所划分的七个区，同时也是指在这七个区域流行的某些武功门派。阿善师是七崁武术的代表性人物，"清道光八年（公元1828年）只身渡海来台，辗转定居于西螺，在此开设武馆"[1]，带动了西螺人的习武之风，七崁各村寨几乎人人练武。其中"头崁振兴社阿善师的金鹰拳、五崁金狮连阵武馆金生师的布鸡拳是七崁武功的两个流派代表"[2]。西螺七崁不仅武术闻名，而且是台湾武馆的主要源头，大约在道光年间逐渐发展起来，总共衍生出四个武馆系统，分别是"勤习堂""振兴社""武野馆"及"振兴馆"[3]，这四个武馆系统的分支后来遍布台湾。"台湾光复初期，小小的西螺地方竟有大大小小的武馆100多家"[4]，全台湾武术爱好者荟萃

---

[1]杨毅周，等.宝岛台湾的民俗与旅游[M].北京：旅游教育出版社，1996：118.
[2]谭培根，涂志伟.台湾涉漳旧地名与聚落开发（上）[M].厦门：厦门大学出版社，2012：840.
[3]张银行.闽台武术文化研究[D].上海：上海体育学院，2012：179.
[4]王君亭，丁振宇.华夏纵横（卷一）：中国旅游文化集成[M].北京：华艺出版社，2001：642.

此间。再加上以七崁为原型的《少林七崁》等影视的宣传，使西螺七崁武术声名远播。

（二）宋江阵

宋江阵是台湾著名的武阵之一，是以徒手及器械演练、对打和阵法操练为表现形式的民俗活动，是民间宗教信仰与武术技艺的结合。清代，台湾各地常有村落械斗发生，于是各乡镇地方组织民众演练宋江阵以保卫乡人。台湾宋江阵与福建宋江阵类似，以水浒108将为原型，含36天罡星、72地煞星，后因人数过多，组成不易，大多以72人或36人组成。成员多手持刀、叉、斧、棍、戟等器械，在"头手"指挥下，按照一定的阵法进行绕行，并进行武术展演或对打。之后，又逐渐演化出宋江阵、金狮阵、白鹤阵、五虎平西阵，共称"宋江四阵"[①]。随着社会发展，宋江阵逐渐演变成一种娱乐、祭祀、节日庆典类的民俗活动。其主要集中在台南县、高雄县内门、屏东县等地。

---

①花家涛．中国台湾民间武术四维一体文化考［J］．体育学研究，2018，1（3）：61-68．

第十六章 岭南武术文化区域分布

第一节 广东武术文化

一、广东主要武术文化内容及地域分布

广东是岭南武术文化代表，以洪、刘、蔡、李、莫为代表的广东南拳以及咏春拳、蔡李佛拳等，不但遍布岭南，而且远播海外。此外，还有李家教、钟家教、侠家拳、佛家拳、岳家教、刁家教、朱家教等地方小拳种。地方舞蹈如瑶族盘王舞、麒麟舞、英歌舞、藤牌功班舞、徐闻屯兵舞等亦富含武术元素。地方戏剧中的粤剧南派武功汲取了广东南拳的众多武术元素，成为广东武术文化的重要一员。在此对广东武术文化内容进行汇总，详见表16-1。

表16-1　广东主要武术文化内容汇总

序号	名称	简介	代表性地域分布	备注
1	洪拳	湛江洪拳	湛江市赤坎区	省级非遗
		黄飞鸿派	广州市海珠区	省级非遗
		顺德洪拳	佛山市顺德区	省级非遗
2	刘家拳	广东南拳之一，相传为刘三眼或刘生或刘青山所创，具体不详	中山市	

续表

序号	名称	简介	代表性地域分布	备注
3	蔡李佛拳	源于新会人陈享	江门市新会区	国家级非遗
		广州北胜蔡李佛拳	广州市	省级非遗
		佛山蔡李佛拳	佛山市	省级非遗
4	蔡家拳	广东南拳之一,相传为蔡展光所传	湛江市、茂名市	省级非遗
5	李家拳	新会李家拳：李友山所创	江门市新会区	省级非遗
		惠州李家拳：李义所创	惠州市惠东县	省级非遗
6	莫家拳	相传为惠州莫蔗蛟、东莞莫达树、莫四季、莫定如、莫清骄5人共同所创	东莞市桥头镇	省级非遗
			惠州市	
7	龙形拳	地方拳种	惠州市惠城区	省级非遗
8	南枝拳	地方拳种	揭阳市榕城区	省级非遗
9	咏春拳		江门鹤山市	省级非遗
		叶问宗支	佛山市南海区	省级非遗
		佛山咏春	佛山市	省级非遗
		广州咏春	广州市天河区	省级非遗
10	李家教拳	地方拳种	汕头市	省级非遗
11	太虚拳	地方拳种	广州市越秀区	省级非遗
12	螳螂拳（广州螳螂拳）	螳螂拳流派之一	广州市	省级非遗
13	鹰爪拳（佛山鹰爪拳）	鹰爪拳流派之一	佛山市	省级非遗
14	李家教拳（普宁李家教拳）	李家教拳种流派之一	揭阳普宁市	省级非遗
15	钟家教	地方拳种	梅州兴宁市	
16	侠家拳	地方拳种	广州市	
17	佛家拳	地方拳种	韶关市、江门市新会区、肇庆封开县、广州市、云浮罗定市、云浮新兴县	

第十六章 岭南武术文化区域分布

续表

序号	名称	简介	代表性地域分布	备注
18	岳家教	地方拳种	梅州梅县	
19	刁家教	地方拳种	梅州梅县、兴宁市	
20	朱家教	地方拳种	梅州五华县、兴宁市、梅县	
21	昆仑拳	地方拳种	梅州丰顺县	
22	白眉拳	地方拳种	惠州市惠阳区、肇庆市、佛山市、广州市、深圳市	
23	刘凤山派	地方拳种	梅州大埔县、潮州市	
24	儒家拳	地方拳种	湛江市、韶关市	
25	客家武术	地方武术	梅州市	
26	瑶族盘王节	传统民俗	乳源瑶族自治县文化馆	国家级非遗
27	麒麟舞	民间舞蹈，内有武术内容	汕尾海丰县	国家级非遗
28	英歌舞	融舞蹈、戏曲、武术搏击等于一体的民间舞蹈形式	揭阳市、汕头市、汕尾陆丰市	国家级非遗
29	藤牌功班舞	传统武舞	湛江徐闻县	省级非遗
30	徐闻屯兵舞	传统武舞	湛江徐闻县	省级非遗
31	粤剧南派武功	传统戏剧	佛山市	
32	黄飞鸿纪念馆	武术景观	佛山市	
33	南狮武功	传统舞蹈	广州市	
34	李小龙祖居、李小龙纪念馆	武术景观	佛山市顺德区均安镇上村乡	
35	岭南武术文化馆	武术景观	佛山市顺德区	

二、广东代表性武术文化内容介绍

（一）洪拳

洪拳为广东五大名拳（洪、刘、蔡、李、莫）之一。盛传是由洪熙官所传授，另一说法认为洪拳源自少林寺，是洪门推行的一种拳术，根据是陈铁笙的《少林宗法》中记载的"洪拳是洪门假托少林传习的一种拳术"一说。

据广东拳械录可知，洪拳基本内容有：功法，有桩功、桥功、腰功等；拳术，有五行拳、虎拳、虎鹤双形拳、双工伏虎拳、铁线拳等；器械，有单、双头棍，单、双腰刀，七点半棍等；步型，有四平马、吊马（虚步）、子午马（弓步）、跪马、拐马；手法，有挑劈手、蝴蝶掌、虎爪、圈桥、沉桥等；腿法有蹬、踹、拐、丁、踩等。洪拳特点是硬桥硬马，稳扎稳打，动作朴实，下盘稳固，桥法较多，腿法较少，气势威猛，刚劲有力，发声有力。其战术思想是挑劈护中、正当突破、巧从偏门、闪穿封截、连环进击，以防为主，攻防交替，后发制人，后发先至。遵循"丁不丁，八不八，你不动我不发"[①] 的原则。洪拳历史悠久，名家辈出，代表人物有铁桥三、黄飞鸿、林世荣等。洪拳是广东流传较广的一个拳种，遍及广东各地，并流传香港、澳门、台湾等地区，以及美国等国家。

（二）咏春拳

咏春拳是广东流传比较广的一个拳种，关于其起源说法众多，主要有：以地为拳名说，认为其源于福建永春县；因殿而得名说，认为其源于福建泉州少林寺的永春殿；五枚创拳说；严咏春创拳说[②]，至今尚没有定论。咏春拳主要技法特点是以高桩马（二字钳羊马）为主要步型，含胸拔背，发力含蓄，动作变化多。讲究打中线，正面入门进攻，主动争取接近对方，用寸劲进攻和防守，出拳快而紧密。主要内容拳术套路有小念头（初级入门套路）、寻桥（中级套路）、标指（高级套路）；器械套路有六点半棍和二字刀；此外还有具代表性的木人桩套

[①] 广东武术挖掘整理小组. 广东拳械录 [M]. 广州：广东省体委武术挖掘整理办公室，1985：3.
[②] 张勇. 咏春拳研究 [M]. 合肥：安徽大学出版社，2018：61.

路。① 咏春拳历史悠久，代表人物有梁赞、叶问、李小龙等。咏春拳广泛传播在广东、香港、澳门，受影视作品《叶问》的影响，目前国内各地均有咏春拳传授。

(三) 蔡李佛拳

蔡李佛拳是广东主要拳种之一，遍布全省，为广东新会县京梅乡拱北人陈享所创。蔡李佛拳综合了蔡家拳、李家拳和佛家拳三家之长，如佛家的掌法，李家的步稳架大、势雄力猛，蔡家（非广东五大南拳之蔡）的技法全面，长、中、短桥并用的优点。蔡李佛拳拳术体系庞大，内容丰富，套路众多。套路分为初、中、高三级。拳术套路有五轮马、小梅花等39套；对拆套路有五形拳对拆、龙形与虎形对拆等54套；器械套路有棍、刀等14套；桩类练习有称桩、沙包桩等18套（俗称"十八木人桩"）②，以及狮艺、内功练习、技击方法等。蔡李佛拳的风格特点为：身型端正，腰活肩松，动作舒展大方，活动幅度大；步法稳健而灵活，快速而多变；腿法凌厉而迅疾，多屈伸性腿法；手法全面，长、中、短桥并用，招式连贯，变化莫测；劲力充沛，刚柔相济；讲究呼吸、发声与动作的配合，吸气以蓄劲，呼气以助发力，发声更为吐气以助发力，发声以助威，发声以助势③。

(四) 粤剧南派武功

粤剧南派武功是吸收广东南拳的精华而形成的功夫戏，俗称"打手桥"，因为对打双方交手时两手相交形似桥状而得名，以南拳对打为主要形式，有别于长江以北诸种武技，故而统称"南派武功"，也称为粤剧南拳。粤剧南派武功内容丰富，"除徒手搏击和器械对打两类外，还有翻腾跌扑（高台功夫）、身段功架等"④。其内容多来源于南拳，岭南浓烈尚武之风以及遍地开花的广东南拳为粤剧南派武功提供了丰富的素材。许多粤剧演员同时也是南拳高手，粤剧南派武功

---

①陈小蓉. 中国体育非物质文化遗产：广东卷 [M]. 兰州：甘肃教育出版社，2016：65.
②中国非物质文化遗产保护中心. 第二批国家级非物质文化遗产名录简介 [M]. 北京：文化艺术出版社，2010：302.
③郭裔. 晚清民国时期的广东武术 [M]. 广州：华南理工大学出版社，2013：70.
④梁家森，等. 粤剧南拳 [M]. 广州：花城出版社，1985：1.

的基本功、术语、练习方法与南拳相似，如基本功也讲究稳马硬桥，马步、腰力、技巧也需要南拳功底，粤剧木人桩与咏春拳木人桩基本一致，粤剧的特色舞台功夫"打手桥""打真军""见紫标"等舞台对打也源于南拳对练①。但粤剧南派武功在招式、力量、速度、节奏方面有艺术加工，节奏感更强，招式更加柔美，力量更加夸张，速度比较缓慢，完全围绕舞台视觉效果展开。以对打招式为例，讲究有虚有实，刚柔相济，而虚实中，以虚为主，刚柔间，以刚为重，真手假手并用，一招一式虽用劲而不伤人，形真而实假，忌硬碰硬。近年来随着地域交流加强，粤剧中也出现了北派武术的身影。

第二节 广西武术文化

一、广西主要武术文化内容及地域分布

广西是少数民族较多的地区，尤其壮族人口最多，壮拳是广西代表性少数民族武术。此外，在广西流传的还有瑶拳、苗拳、侗拳等。广西武术深受广东武术的影响，广东五大南拳、咏春、蔡李佛等拳种亦在广西多有流传。地方武术以李家拳及南蛇过峒、州珮功夫、十八路莊武术、宾阳露圩传统武术、梁家拳等为代表。少数民族舞蹈如壮族蚂拐舞、瑶族蚩尤舞、盘王神武等亦富含武术元素。现将其进行汇总，详见表16-3。

表16-3 广西主要武术文化内容汇总

序号	名称	简介	代表性地域分布	备注
1	李家拳	地方拳种	北海合浦县	省级非遗
2	南蛇过峒	地方武术，模仿南蛇过峒的形态	北海合浦县	省级非遗
3	州珮功夫	地方武术	玉林市玉州区	省级非遗
4	十八路莊武术	地方武术	玉林市福绵区	省级非遗

---

①黄虹．试论对无形文化遗产——粤剧南派武功的抢救和保护［J］．中国博物馆，2005（1）：62-65.

续表

序号	名称	简介	代表性地域分布	备注
5	宾阳露圩传统武术	地方武术	南宁宾阳县	省级非遗
6	鹿寨江口梁家拳	地方拳种	柳州鹿寨县	省级非遗
7	广西南拳	我国南拳流派之一，内含多项小拳种	南宁市等地	
8	壮拳	壮族武术总称	南宁市、百色市、崇左市、河池市、钦州市	
9	瑶拳	瑶族武术总称	贺州市八步区、来宾金秀瑶族自治县	
10	苗拳	苗族武术总称	三江侗族自治县	
11	侗拳	侗族武术总称	三江侗族自治县	
12	洪拳	外来拳种	南宁市	
13	刘家拳	外来拳种	柳州市	
14	蔡家拳	外来拳种	柳州市	
15	咏春拳	外来拳种	梧州市	
16	蔡李佛拳	外来拳种	南宁市、贺州市八步区	
17	佛家拳	地方拳种，出自佛门	南宁市	
18	鹤拳	外来拳种，来自福建	北海合浦县、玉林博白县	
19	洪兼蔡拳	地方拳种	桂林恭城瑶族自治县	
20	周家拳	地方拳种，广西南拳之一	梧州市万秀区、柳州鹿寨县	
21	陈拳	地方拳种	南宁市邕宁区	
22	杨家拳	地方拳种，清代杨继兴所创	崇左天等县	
23	狮形拳	地方拳种	梧州市	
24	八扣拳	地方拳种	南宁市	
25	小马梅花拳	融合周家拳与峨眉拳所创	柳州市	

续表

序号	名称	简介	代表性地域分布	备注
26	南八卦拳	融合洪拳、壮拳、八卦的地方创新武术	百色平果县	
27	花拳	地方拳种	来宾象州县	
28	鹰爪翻子门	源自河北，经广西梧州精武会传入	南宁市邕宁区、横县等	
29	王家齐式拳	地方拳种，结合王家与齐家拳法创编而成	柳州市	
30	画眉拳	地方拳种，相传观画眉鸟啄食、扑斗等动作而创编	贺州市八步区、桂林荔浦市	
31	瑶族盘王节	民俗	贺州市	国家级非遗
32	壮族蚂拐节	民俗	河池市	国家级非遗
33	狮舞（田阳壮族狮舞）	传统舞蹈	百色市田阳区	国家级非遗
34	壮族蚂拐舞	民间舞蹈	河池天峨县	省级非遗
35	瑶族蚩尤舞	民间舞蹈	南宁市	省级非遗
36	盘王神武	民间舞蹈	桂林平乐县	省级非遗
37	田林瑶族盘王舞	民间舞蹈	百色田林县	省级非遗
38	八步瑶族盘王舞	民间舞蹈	贺州市八步区	省级非遗

二、广西代表性武术文化内容介绍

（一）壮拳

壮拳不是一个拳种，而是指在广西壮族中流行的武术内容，主要分布在南宁、百色、崇左、河池、钦州等地。由于花山岩画的存在，有些研究者认为壮拳在唐代就已出现，《宁明州志》记载，"花山距城五十里，峭壁中有生成赤色人形，皆裸体，或大或小，或持干戈"。另一例证是岩画中的动作与现代流传于左江流域的壮拳功法——"七步铁线桩功"相同[①]。宋代汉人称壮拳为"蛮拳"，

---

① 谭先进. 崇左文化述要 [M]. 南宁：广西人民出版社，2010：616.

明代抗倭名将瓦氏夫人率领的俍兵（"狼兵"）勇猛无敌，其主要成员为壮族士兵。壮拳内容丰富，仅《广西拳械录》记载的小拳术套路就有49套。壮拳动作劲猛粗犷，形象朴实，变化灵活，功架清晰准确，沉实稳健，拳刚势烈，多短打，擅标掌，少跳跃，行拳时结合使用壮语发音，借助声、气催力[①]。

（二）瑶拳

瑶拳是指流传在瑶族中的武术，主要分布在广西贺州，金秀等瑶族聚居地区。相传为"盘王"所创，唐代有持器械的集体性舞蹈，明清称为"蛮瑶拳"。瑶拳受所处地域文化影响较大，因瑶民依山险而居，练功多在山地进行，故要求"下盘稳固""拳打四顾"；瑶族人狩猎、征战多集体进行，所以套路多集体演练，编排布局合理，动作配合一致；由于长年与禽兽相处，仿禽兽壮形猛态，主张形象发声合力。现存拳术套路有：盘王拳、南太极等；器械套路有：盘王棍、关刀、双刀等；集体套路有：剑皇舞、双刀舞、关刀舞等；对练套路有：对刀、对打拳等[②]。瑶拳风格特点是动作小巧，粗犷有力、沉实稳固、发劲短爆、击打猛烈。

（三）三江侗拳

三江侗拳起源于三江侗族自治县，1942年，湖南侗族拳师杨朝英将形意拳、薛家拳、赵家拳和古老朴实的侗拳融合一体，形成了广西三江侗族地区流传的侗拳[③]。其技法特点是动作快捷、灵活多变、手动足进、攻防兼顾、身法自如。套路主要有八步八开、三板手、嗦步等，器械有侗家棍、大红棍、满堂棍[④]。

（四）花山岩画武舞图

花山岩画，地处广西崇左市左江及其支流明江流域，其年代为战国至东汉时期，人物众多，多集体性徒手或持器械的舞蹈，场面宏大。包括些动作与蚂拐

[①] 杨琴. 广西壮拳研究 [J]. 中华武术（研究），2011，1（5）：36-38.
[②] 中国体育博物馆，国家体委文史工作委员会. 中华民族传统体育志 [M]. 南宁：广西民族出版社，1990：205.
[③] 广西壮族自治区地方志编纂委员会. 广西通志·体育志 [M]. 南宁：广西人民出版社，1989：40.
[④] 广西武术挖掘整理小组. 广西拳械录 [M]. 南宁：广西武术挖掘整理办公室，1985：1.

拳、蚂拐刀等动作类似，反映出广西地区原始武舞的盛况。此外，岩画内有大量武术器械，包括环首长刀、匕首、有格长剑等①，还有配合阵法使用的战术武器环首刀剑、长枪、手镖、山弩以及竹箭等②。这些是了解古代武艺不可多得的文物资料。

第三节 海南武术文化

一、海南主要武术文化内容及地域分布

海南受琼州海峡的阻隔，外来拳种相对较少，只有广东少部分拳种及全国流行拳种如太极、形意拳等流传至海南。黎家拳、五形桩、中兰拳、东山功、马仔功、桩头功等是海南本土武术代表。万宁、屯昌、琼中为海南武术之乡。少数民族武术除了黎家拳外，还有黎族射箭、黎族摔跤等，黎族民族舞蹈钱铃双刀舞是极具武术对练特点的舞蹈形式。此外，极具创新形式的相子道也是海南武术内容之一。在此对海南主要武术文化内容进行汇总，详见表16-4。

表16-4 海南主要武术文化内容汇总

序号	名称	简介	代表性地域分布	备注
1	黎家拳	黎族传统武术	琼中黎族苗族自治县	
2	五门拳	地方拳种	屯昌县	
3	五形桩	地方拳种	屯昌县	
4	桩头功	地方拳种	万宁市	
5	马仔功	地方拳种	万宁市	
6	东山功	地方拳种	万宁市	
7	中兰拳	地方拳种	琼海市	

---

①广西壮族自治区文化厅，广西壮族自治区文物局．左江花山岩画系列文集——左江花山岩画研究报告集（上）[M]．南宁：广西科学技术出版社，2015：161．
②韦晓康．壮民族传统体育文化研究[M]．北京：中央民族大学出版社，2004：203．

第十六章 岭南武术文化区域分布

续表

序号	名称	简介	代表性地域分布	备注
8	红林拳	地方拳种	昌江黎族自治县	
9	四门归中	地方拳种	屯昌县	
10	五门归中	地方拳种	屯昌县	
11	黄家拳	地方拳种	文昌市	
12	八式拳	地方拳种	万宁市	
13	蔡李佛	外来拳种	万宁市	
14	大成拳	外来拳种	海口市	
15	形意拳	外来拳种	海口市	
16	心意六合拳	外来拳种	海口市	
17	太极拳	外来拳种	海口市等	
18	峨眉运动养生功	养生功法，外地传入	海口市	
19	戳脚翻子拳	外来拳种	琼中黎族苗族自治县	
20	相子道	主要由相子剑、相子棍、护具、服装、电子触感装置等组成的，学生习武攻防竞技器械体系	海口市	
21	黎家棍	黎族武术器械	琼中黎族苗族自治县	
22	万宁武术	地方武术	万宁市	
23	屯昌武术	地方武术	屯昌县	
24	琼中武术	地方武术	琼中黎族苗族自治县	
25	琼剧武戏	地方戏剧	海口（海南琼剧院）	
26	琼中咚铃伽（钱铃双刀）	传统舞蹈	琼中黎族苗族自治县	省级非遗
27	陵水钱铃双刀舞	传统舞蹈	陵水黎族自治县	省级非遗
28	黎族钱铃双刀棍棒舞	传统舞蹈	三亚市	省级非遗

续表

序号	名称	简介	代表性地域分布	备注
29	海南虎舞	武术与舞蹈的结合，也称罗梧舞虎，为了纪念冼夫人的出军仪式而舞，形式为手持器械与"虎"的对打	海口市三江镇罗梧村	省级非遗
30	黎族射箭	黎族传统体育，传统射箭比赛一般在黎族节日"三月三"、春节或其他节日举行	昌江黎族自治县	
31	黎族摔跤	每年从农历十月十五开始，一直持续到次年的元宵节，又称"马拉松式的角力比赛"	五指山地区	
32	军坡节	为了纪念冼夫人而设立的节日。起源于冼夫人设置崖州、阅军振武、安定全岛的功勋性举措	海口市、定安县、澄迈县、屯昌县	

二、海南代表性武术文化内容介绍

（一）黎家拳

琼中黎族苗族自治县的黎家拳相传最早为黎族先祖所创。琼中是历代军事活动的主要场所，军事武艺源远流长，为黎族拳的产生提供了素材，也形成黎族历代尚武的习俗。琼中黎家拳曾一度失传，到了19世纪末期，黎家拳、黎家棍才再次出现，目前黎家拳和黎家棍主要传承人是其第四代传人陈崇钦。

黎家拳又叫"四门拳"，步伐稳健、马步较低，招式灵活，蹦跳自如，进攻时大步快攻，防守周密，以防带攻。黎家棍套路朴实无华，结构严谨，舒展大方，走架灵活、稳健，进退和顺。以"扫、拨、挂、架、撩、戳、劈、舞花、挑、点为主要技法"[1]，在传承中又不断演化，吸收了枪术之精华，棍中有枪，形成了独具风格特点的黎家棍法体系。黎家棍用戳、扎、点、挑等动作专门击打

---

[1] 王培琳. 黎家拳棍古拙奇绝 [N]. 海南日报，2015-09-14（17）.

第十六章　岭南武术文化区域分布

人体要害部位，势险节短，棍沉力猛，同时把法灵活多变，出其不意的招式让对方猝不及防，实用性强。

（二）大马五形桩

五形桩是海南屯昌代表性武术拳种。屯昌新兴镇坡陈村是海南省屯昌县远近闻名的"武术村"，其主要武术内容有"五形桩""四门归中""五门归中"以及古老兵器三叉、蝴蝶双刀等，以大马五形桩最具特色。"大马"指大马步，五形是指以龙、虎、猴、龟、鹤5种动物为原形演化为出拳招式。屯昌坡陈村的"五形桩"始于清朝咸丰年间，距今已有160多年历史，是借鉴华佗五禽戏、武当五行功、福建南少林桩功的精髓，并融合当地驻军练兵的拳脚训练招数加以演化，于咸丰末年定型[①]。其拳法刚劲有力，张弛有度，节奏鲜明，注重手法，具有南拳稳马硬桥的特色，但马步比传统南拳更大。除了拳术以外，大马五形桩还有刀、枪、棍、盾、钯等兵器。目前，大马五形桩已经成为武术之乡屯昌的一张名片。

（三）桩头功

万宁是我国武术之乡，武术源头可追溯到南宋时期。据《万州志记》载，南宋抗金英雄岳飞部下将领于鹏，被贬送万安（现在的万宁）做军编管，给周边的村庄安坡村、曲冲村、周家庄村等村民传授武艺，带动了武术在万宁的发展。桩头功是万宁的代表性武术内容之一，尤其在周家庄村一带最负盛名。据传桩头功距今已有850年历史，目前，代表人物是第十七代传人陈亚强。桩头功包括龙、蛇、虎、龟、狗五种拳形，其特点是"腰马稳健扎实，手法硬朗多变，拳势勇猛，动作刚健有力，蹿蹦跳跃动作较少，桩头讲究实用"[②]。

（四）钱铃双刀舞

钱铃双刀舞是陵水黎族自治县的民间舞蹈，是以故事为背景，以传统武术的

---

① 杜娜. 美丽乡村建设研究与海南实践［M］. 北京：科学技术文献出版社，2016：342.
② 桩头功. 中华网·海南［EB/OL］.［2015-07-12］. http：//www.hi.chinanews.com.cn/hnnew/2015-07-12/389907.html.

对练动作为主要素材，以舞蹈为主要表现形式的黎族民间传统体育项目。钱铃双刀舞相传起源于黎族民间故事，两位黎族小伙子同时爱上了一个姑娘，最后通过用钱铃和双刀比武的方式来决定姑娘嫁给谁。钱铃为一根长约两尺的小竹筒，中间雕空，内用铁丝将铜钱串在一起，舞动时发出哗哗声响，类似中原一带的钱棍、花棍。双刀是长约一尺类似匕首的木刀，刀柄系有红色绸带。

钱铃双刀舞以古、奇、险、绝著称，时而手持双刀之人用扑、刺、划、戳等动作向对方进攻，而手持钱铃之人跳跃躲闪，或用架、格挡等动作来防守，时而手持钱铃从上向下劈，手持双刀之人头上交叉双刀架开钱铃。舞蹈节奏明快，铿锵有力，进退自如，疾缓有序，灵活多变，惊险巧妙，伴随着钱铃有节奏的响声，呈现出紧张激烈的战斗场面。表现出黎族人民英勇无畏、敢于抗争的精神风貌。此外，其动作名称形象生动，富含地域特色，有"深扎根、雷公压顶、通天击门、千斤顶棒、猛龙开路、雷击破山藤、穿山甲钻洞、狗公射尿"[1]等动作。

钱铃双刀舞以前主要是作为祈福辟邪的祭祀性舞蹈，随着社会的发展，其功能价值逐渐演变和分化，成为民俗节日、庆祝丰收等娱乐性舞蹈，实现由娱神向娱人的转变，也逐渐演化出娱乐性钱铃双刀舞、竞技性钱铃双刀舞以及舞台艺术性钱铃双刀舞等多种形式。

与陵水钱铃双刀舞类似的还有琼中的琼中咚铃伽以及三亚的黎族钱铃双刀棍棒舞。目前，三者均为海南省省级非物质文化遗产。

（五）海南虎舞

舞龙舞狮在我国随处可见，但舞虎非常稀少。历史上我国古代最早流行的是"舞虎"而不是"舞狮"，"西汉时，老百姓不舞狮而是舞虎。"随着佛教的兴起，"狮子便随主人身份抬高而取代了'虎'"[2]。关于"舞虎"传入岭南，《古氏南迁》记载："祖上自中原南迁，越南海而入桂，历尽艰辛，艰难谁知？千里奔波，粮尽物耗，独有传世虎头，雨淋日晒，随众翻山越岭，舞虎觅食，斗虎擂台，谁能分真假焉！。"

---

[1]王翠娥. 试谈海南黎族传统体育 [J]. 南方文物，2005（1）：105-107，21.
[2]李栋. 语词缘起大观 [M]. 合肥：黄山书社，2007：479.

海南琼北地区民间曾流传"三江鼓、罗梧虎"①之说，舞虎是三江镇罗梧村所独有，所以又有"梧虎"之称。海南舞虎的起源没有确切的记载，罗梧村的舞虎也是为纪念冼夫人而模仿当年出军仪式而舞。每年的农历二月初六至二月十二是海南传统的"冼夫人文化节"，舞虎是节日活动的重头戏。舞虎活动中，先是舞虎队舞起老虎环村游行，然后是舞虎表演。舞虎人数每队二三十人，舞虎的内容大致分为布阵、开场、单人表演、双人对打等部分。表演时先是土地公婆及手持长矛、长棍、大刀、长剑等兵器的兵勇列队摆阵，接着"老虎"以腾翻、扑跌、跳跃、朝拜、登高等高难度技巧动作出场显威，兵勇摇旗呐喊，吹号助威，逐一上场与虎对打，最后以人类的智慧和武艺征服老虎，然后与老虎和睦相处。舞虎以武术为基础，后逐渐由单一的武打招式发展成为融入舞蹈、表演、音乐等元素的综合性民俗活动。目前，罗梧虎舞作为民间舞蹈被列入海南省非物质文化遗产名录。

第四节 香港、澳门武术文化

一、香港主要武术文化内容及地域分布

由《广东拳械录》可知，广东的主要流行拳种如洪、刘、蔡、李、莫，咏春，蔡李佛，侠家拳等在香港均有流传。马廉祯、毛旺、冯进勇所著的《香港武术文化的形成及其特征》②一文对香港拳种进行了详细的介绍。现对香港主要武术文化内容进行分类汇总，详见表16-2。

---

①蒙乐生. 罗梧舞虎 [J]. 今日海南, 2010 (2): 44.
②马廉祯, 毛旺, 冯进勇. 香港武术文化的形成及其特征 [J]. 体育学刊, 2016, 23 (4): 30-34.

表 16-2　香港主要武术文化内容汇总

序号	名称	备注
1	洪拳	珠三角拳种
2	刘家拳	
3	蔡家拳	
4	李家拳	
5	莫家拳	
6	蔡李佛拳	
7	咏春拳	
8	截拳道	
9	洪佛派	
10	中外周家拳	
11	少林铁虎门	
12	柔功门	
13	侠家拳	
14	少林黑虎门	
15	双龙派	
16	佛家拳	
17	南鹰爪	
18	周家螳螂拳	客家武术：香港早期客家拳种，开埠之前进入香港的武术
19	朱家螳螂拳	
20	铁牛螳螂拳	
21	林家教	
22	李家教	
23	流民教	
24	白眉拳	
25	龙形拳	

续表

序号	名称	备注
26	五祖拳	泛闽南文化区拳种
27	白鹤拳	
28	蔡莫拳等	
29	太极拳（陈、杨、吴、武、孙等）	北方拳种
30	谭腿	
31	六合	
32	螳螂	
33	翻子	
34	劈挂	
35	鹰爪	
36	香港精武体育会	武术组织、赛事
37	香港国际武术节	
38	香港武术联会	

二、香港功夫电影

香港被称为功夫电影之都，功夫电影是香港武术经典代表，对推动中国武术的国际影响具有重大作用。1949 年，香港导演胡鹏拍摄了第一部以广东民间传奇武林人物黄飞鸿为主人公的电影，武术与影视的结合成为香港电影的亮点，展现的多是洪拳、咏春拳、蔡李佛拳等岭南武术。真正让香港功夫片名扬海内外的是李小龙，李小龙奠定了中国武术在世界的地位，也让世界认识到中国功夫，至今仍是中国功夫的代表人物。20 世纪 80 年代初，李连杰主演的《少林寺》在全国引起轰动，全国掀起了"武术热"。在此热潮背景下，随着成龙、李连杰、洪金宝、甄子丹等主演的经典功夫片相继问世，香港功夫片达到顶峰，并使众多武打影星成为世界级功夫明星。此后，香港功夫电影展现的武术内容更加丰富，长拳、太极拳等北方拳种也不断渗入其中，香港功夫电影成为展现中国武术的窗口，也成为香港的文化名片。

三、澳门主要武术文化内容

由《广东拳械录》可知，广东的洪拳、莫家拳、蔡李佛拳、咏春拳等在澳门流传；由《福建拳械录》可知，五祖拳、白鹤拳等在澳门也有流传；此外，还有太极拳、长拳、形意拳等。

澳门最有影响力的武术内容是澳门武术赛事。有清晰影像记载的有1954年的"吴陈比武"，比武由澳门白鹤拳"三夫"之一的陈克夫挑战香港吴式太极拳掌门吴公仪。近年来随着武术国际化的发展，澳门成为武术赛事的重要集聚地。澳门国际武术节，至今已经举办8届，内容有武术套路赛事、武术散打赛事、健身气功、跆拳道赛事，还包括"中华武术国际化推广探讨"论坛等。"武林群英会"，内容有"英雄汇"世界格斗王者争霸赛、ICKF中国功夫世界搏击冠军赛、现代世界性格斗比赛。此外，还有世界大学生武术锦标赛、亚洲泰拳锦标赛；中央五套的《武林大会》《河南武林风》等电视节目也曾进入澳门；世界四大职业拳击组织之一的IBF世界拳王争霸赛也在澳门举行。

第十七章 中国地域武术文化区域分布的数字化——构建中国武术文化地图系统

中国地域武术文化区域分布的数字化
——构建中国武术文化地图系统

第十七章

中国武术分布的地域分散性和内容的广博性决定了中国武术文化迫切需要文化地理空间的整体、直观表达。将各地域（以省、自治区、直辖市为单位）武术文化内容按照区域进行总体列表式呈现，只是完成了中国地域武术文化区域分布的书面文字表达，而将遍布华夏大地的丰富武术文化内容予以文化地图的形式展现，则可实现中国地域武术文化与区域空间分布的完美契合。同时，在目前"数字中国"的大背景下，迅速发展的数字技术已渗透到人文科学各领域中，将数字技术应用于中国地域武术文化的研究，以数字文化地图的形式把中国地域武术文化的区域分布进行可视化描述，进而构建中国武术文化地图系统，可以实现对中国地域武术文化的系统化管理、分类检索、关键字查询以及人机之间的互动交流等功能。由于中国地域武术文化内容复杂，本书以甘肃地域武术文化地图系统为个案，对中国地域武术文化地图系统的设计思路及内容进行说明。

一、何为中国地域武术文化地图

"文化地图是反映文化、教育、科研、医疗、卫生事业和娱乐部门发展状况、构成和分布的地图"[1]。文化地图以其直观、清晰的优点为人文学科所普遍采用。国外文化地图主要用于民俗学研究，1927年德国编绘《德国民俗地图》，随后法国、西班牙、意大利、瑞士等国家着手制作本国的民俗地图，2004年日本完成了一套完备的《日本民俗地图》。国内，目前文化地图主要分为两种：一是综合

---

[1]周国奎.浅析文化地图[J].测绘通报,2016(3):134-137.

性的文化地图，如《中国文化地图》《杭州文化地图》等，优点是能让人们对某一区域的文化有一个总体、直观的了解和认识；二是某一内容或专题的文化地图，主要是利用地图的清晰定位等特性，观察、分析某一文化传承的地理分布，认识文化现象在空间与时间上的存在表象，如《中国民俗文化地图》《中国艺术文化地图》等。

二、中国地域武术文化地图系统

随着数字技术的快速发展，运用数字技术服务于人文学科成为目前一个重要的研究方向。数字化具有保存时间长、不易损坏和变形、节省档案保存空间、体积小、便于携带及网上传播等优势。武术文化地图的数字化可以将武术文化内容集成于一体（如利用 Authware 软件），将传统地图的功能扩展，具有开放式的用户交互功能，最重要的便是实现按照地域以窗口的形式浏览各地域武术文化地图。实际操作中，将鼠标放置在中国地图某一省份位置，这一位置就会变为红色，点击进入就可以浏览前文所述的这一地域武术文化地图的内容。

按照地域浏览中国地域武术文化内容只是发挥武术文化地图的空间优势。"时间、空间和属性是对象本身固有的 3 个基本特征，是反映对象的状态和演变过程的重要组成部分"[1]。数字技术还可以将每一个地域武术文化内容按照一定的逻辑，如时间（历史）、空间（地域）、属性（分类）集成到一起，形成时间、空间、属性三维一体的武术文化地图系统，实现三维浏览查询功能。而将各地域武术文化地图系统再集成，就形成了中国地域武术文化地图系统。

三、甘肃地域武术文化地图系统

(一) 按武术文化属性分类浏览

如上所述，点击中国武术文化地图系统中甘肃地域就可以进入甘肃地域武术文化地图系统。制作时，先将甘肃武术文化内容按照武术拳种、武术器械、武术人物、武术著作、武术文物、武术组织、武术活动、民族武术 8 个门类进行分

---

[1] 王家耀，魏海平，成毅，等. 时空 GIS 的研究与进展 [J]. 海洋测绘，2004，24 (5)：1-4.

第十七章 中国地域武术文化区域分布的数字化——构建中国武术文化地图系统

类,在后台分成8个数据库,然后前台集中到一个页面中。如想了解甘肃武术器械中代表性的"棍术",将鼠标放置在"武术器械"栏中,从"下拉菜单"中点击"棍术"按钮(图17-1),就会进入"甘肃棍术"界面,然后可以分门别类地浏览其内容简介(图17-2)。

图 17-1 甘肃武术文化地图系统中武术器械下拉菜单

17-2 甘肃武术文化地图系统中传统棍术库

（二）按照行政、树状层级显示的各分级武术文化地图——实现按地域浏览

按照空间浏览下一级（市级）武术文化内容，如将鼠标放置在主界面甘肃地图中"天水"位置，其对应图标就会变为红色，点击进入，就可以浏览地级市"天水武术文化地图"。如后续研究继续深入，此还可以继续完成县一级的武术文化地图。

(三) 关键字查询

数字化的优点之一就是可以实现查询功能，点击主界面中查询按钮，输入关键字，点击查询，相关内容就会按照图标名称顺序排列在结果栏中，点击结果栏中图标，图标内容中与关键字相同的词条会以高亮的形式显示。如在查找图标中输入"壳子棍"，点击查询，壳子棍的相关内容，壳子棍的介绍，壳子棍的著作等相关内容就会显示，壳子棍三个字会以高亮的形式显示（图17-3）。

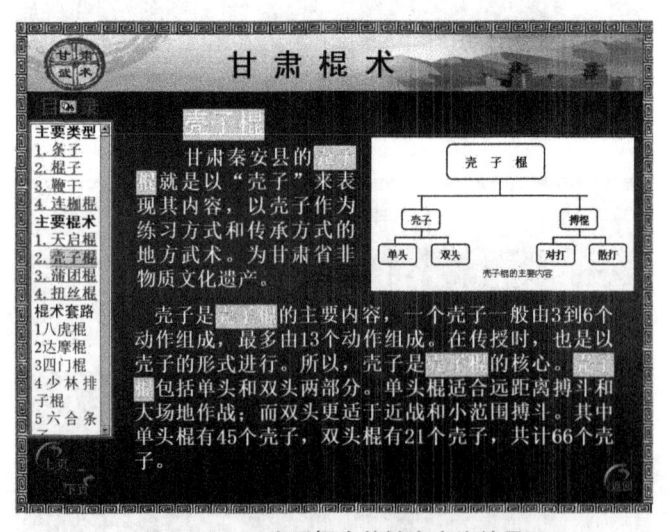

图17-3 以壳子棍为关键字查询结果

四、中国地域武术文化地图及其数字化研究展望

党的十九大报告提出建设数字中国，并相继推出"实施国家大数据战略加快

第十七章　中国地域武术文化区域分布的数字化——构建中国武术文化地图系统

建设数字中国""以信息化驱动现代化，加快建设数字中国"等举措，"数字中国"上升为国家战略。基于此背景，将数字技术应用武术人文学科，开发中国地域武术文化地图系统，是适应时代所需。未来在以下几方面有广阔的发展前景。首先是领域的扩展，不仅仅限于武术，民族传统体育的其他领域或其他专题同样适用。其次是内容的无限扩容，数字化的优势之一是信息量大，可以不断增加新的内容，如将各地域的武术拳种数字化，制作三维"数字拳谱"，并集成到武术文化地图系统中。中国地域武术文化地图系统是一项庞大的工程，限于时间和人力所限，目前还不完善，但开启了地域武术文化从理论研究向应用研究转化的尝试和探索。相信随着相关研究的增加和后续研究的深入，信息技术的不断扩展，中国地域武术文化地图内容会逐渐丰富，形式更加多样，数字化系统也会越来越完善。

主要参考文献

[1] 周国奎. 浅析文化地图 [J]. 测绘通报, 2016 (3): 134-137.

[2] 北京市武术挖掘整理小组. 北京武术拳械录 [M]. 北京: 北京市体委武术挖掘整理办公室, 1986.

[3] 于鸿坤. 大成拳: 第二卷 [M]. 北京: 人民出版社, 2001.

[4] 津门回族重刀武术: 曹门刀式 强身爱国 [EB/OL]. [2012-05-07]. http://www.news.ifeng.com/c/7fc4MOHy3YT.

[5] 杨祥全. 津门武术 [M]. 太原: 山西科学技术出版社, 2013.

[6] 申国卿. 燕赵武术文化研究 [J]. 体育科学, 2010, 30 (4): 92.

[7] 沧州武术志编纂委员会. 沧州武术志 [M]. 石家庄: 河北人民出版社, 1991.

[8] 邢台梅花拳 [EB/OL]. [2020-03-29]. http://www.hebfwzwhyc.cn/MuLu_Content.asp?id=266.

[9] 绵张拳 [EB/OL]. [2020-03-29]. http://sichr.cn/project-detail.php?PROJECT_ID=17373.

[10] 黑龙江体委武术挖掘整理组. 黑龙江拳械录 [M]. 哈尔滨: 黑龙江省体委武术挖掘整理组, 1985.

[11] 吉林省武术挖掘整理组. 吉林省拳械录 [M]. 长春: 吉林省体育运动委员会, 1985.

[12] 摔跤（朝鲜族摔跤）[EB/OL]. [2020-03-16]. http://www.ihchina.cn/Article/Index/detail?id=13817.

[13] 辽宁省武术挖掘整理组. 辽宁体育文史资料: 武术专辑 [M]. 沈阳: 辽宁省体育运动委员会, 1986.

[14] 郭梦影. 辽宁戳脚翻子的传承脉络梳理与技术体系构建的探析 [D]. 沈阳: 沈阳体育学院, 2014.

[15] 徐烈. 关东武术文化研究 [D]. 上海: 上海体育学院, 2010.

[16] 绥远通志馆. 绥远通志稿 [M]. 呼和浩特：内蒙古人民出版社，2007.

[17] 内蒙古武术挖掘整理小组. 内蒙古拳械录 [M]. 呼和浩特：内蒙古体委群体处，1985.

[18] 田海军. 漠南武术文化研究 [D]. 上海：上海体育学院，2013.

[19] 张蒙军. 三才翻子拳法述真 [J]. 精武，2007 (5)：49.

[20] 刘祥友. 西域武术文化研究 [D]. 上海：上海体育学院，2018.

[21] 王明伟. 青藏武术文化研究 [D]. 上海：上海体育学院，2016.

[22] 郝心莲. 八门拳术 [M]. 北京：人民体育出版社，1990.

[23] 李塨，王源. 颜习斋先生年谱 [M]. 上海：商务印书馆，1937.

[24] 蔡智忠. 壳子棍研究 [M]. 兰州：甘肃教育出版社，2002.

[25] 甘肃省地方史志编纂委员会. 甘肃省志·体育志 [M]. 兰州：甘肃人民出版社，1997.

[26] 侯顺子. 一种独特的民间拳种——社火拳 [J]. 甘肃体育文史资料，1987 (1)：59.

[27] 吴月，等. 甘肃风物志 [M]. 兰州：甘肃人民出版社，1985.

[28] 高国藩. 敦煌民俗学 [M]. 上海：上海文艺出版社，1989.

[29] 赵炳南. 宁夏盐池县铁柱泉张家武术论略 [J]. 宁夏大学学报：人文社会科学版，2002，24 (6)：67-68，74.

[30] 吴忠礼. 宁夏体育之光 [J]. 共产党人，2006 (12)：47-48.

[31] 许林海. 试论宁夏非物质文化遗产回族武术"踏脚" [J]. 中华武术，2014，3 (11)，74-77，80.

[32] 红拳 [EB/OL]. [2020-03-09]. http：//www.ihchina.cn/project_ details/13822/.

[33] 陕西武术挖掘整理小组. 陕西武术拳械录 [M]. 西安：陕西省武术挖掘办公室，1988.

[34] 杜舒书. 秦晋武术文化研究 [D]. 上海：上海体育学院，2011.

[35] 山西武术挖掘整理小组. 山西武术拳械录 [M]. 太原：山西省体育运动委员会，1988.

[36] 山西省政府办公厅. 鞭杆（山西）（传统体育、游艺与杂技展示）[EB/OL]. [2018-03-26]. http：//www.shanxi.gov.cn/sq/lsrw/msgj/201803/t20180326_ 403135.shtml.

[37] 韩雪. 中州武术文化研究 [J]. 体育科学，2006 (8)：86-95.

[38] 蔡龙云. 琴剑楼武术文集 [M]. 北京：人民体育出版社，2007.

[39] 郭守靖. 齐鲁武术文化研究 [D]. 上海：上海体育学院，2008.

[40] 江苏武术挖掘整理小组. 江苏武术拳械录 [M]. 南京：江苏省体育运动委员会，1985.

[41] 高亮，顾铁泉，朱全海. 阳湖拳的历史起源、风格特点及其现代传承 [J]. 体育与科学，2011，32 (5)：64-68.

[42] 肖飞. 阳湖拳 [J]. 江苏地方志，2005 (2)：61.

[43] 罗时铭，秦琦峰. 江南船拳的形成与历史演变——兼论"船拳"的苏州发源问题 [J].

苏州大学学报：哲学社会科学版，2017，38（3）：167-173，192.

[44] 乔冉. 武术在武戏演进中的作用——对昆曲武行名角王芝泉、张铭荣的采访及对其弟子娄云啸、钱瑜婷武戏的考察［J］. 体育科研，2016，37（2）：35-42.

[45] 丁丽萍. 吴越武术文化研究［D］. 上海：上海体育学院，2008.

[46] 杨媛媛. 近代上海精武体育会研究（1910—1949）［D］. 上海：华东师范大学，2014.

[47] 李佩弦. 精武体育会简史［J］. 体育文史，1983（1）：34.

[48] 精武体育会. 精武本纪［M］. 上海：商务印书馆，1919.

[49] 浙江体委武术挖掘整理办公室. 浙江省武术拳械录［M］. 杭州：浙江科学技术出版社，1988.

[50] 温州南拳［EB/OL］.［2020-04-03］. http：//www.zjfeiyi.cn/xiangmu/xiangmushow.html?id=1343.

[51] 梁宇坤，洪浩.《王征南墓志铭》考论［J］. 学术交流，2013（2）：207-210.

[52] 王大元. 宁波四明内家拳的时空衍变［D］. 金华：浙江师范大学，2015.

[53] 袁康，吴平. 越绝书［M］. 杭州：浙江古籍出版社，2013.

[54] 朱胤. 江西字门拳研究［D］. 南昌：江西师范大学，2019.

[55] 李蓬生. 江西高安字门拳源流及传承对策研究［D］. 西安：西安体育学院，2018.

[56] 张炎生. 江西武术资料［J］. 江西省武术挖掘整理小组，1983.

[57] 周志强. 江西武术资料［J］. 江西省武术挖掘整理小组，1983.

[58] 邓建勇. 江西永新盾牌舞传入时间和源流考证［J］. 九江学院学报，2009，28（5）：48-52.

[59] 晰扬掌［EB/OL］.［2020-03-19］. http：//www.anhuify.net/fyproject/TheThirdSY/593.html.

[60] 贾磊. 徽州体育文化概论［M］. 兰州：兰州大学出版社，2010.

[61] 湖南省体委武术挖整组. 湖南武术拳械录［M］. 长沙：湖南省体委文史办，1992.

[62] 王家忠. 荆楚武术文化研究［D］. 上海：上海体育学院，2009.

[63] 刘尧峰. 土家族武术文化研究［D］. 上海：上海体育学院，2015.

[64] 重庆市体育运动委员会. 重庆市武术志［M］. 重庆：重庆出版社，1993.

[65] 陈振勇. 巴蜀武术文化研究［D］. 上海：上海体育学院，2006.

[66] 峨眉武术［EB/OL］.［2020-03-19］. http：//www.ihchina.cn/project_details/13821/.

[67] 青城武术［EB/OL］.［2020-03-19］. http：//sichr.cn/project-detail.php?PROJECT_ID=17280.

[68] 梁宇坤，洪浩.《王征南墓志铭》考论［J］. 学术交流，2013（2）：207-210.

[69] 张军明. 非物质文化遗产视角下内江市松溪内家拳的传承与发展研究［D］. 成都：成都体育学院，2018.

[70] 文冬. 试论川剧武生的艺术特征 [J]. 四川戏剧, 2016 (1): 44-46.

[71] 夏庭光. 川剧武生的"四子功" [J]. 四川戏剧, 1990 (3): 23-25.

[72] 张延庆. 西南少数民族武术文化阐析 [J]. 体育文化导刊, 2009 (1): 137-140.

[73] 郭振华. 滇黔武术文化研究 [D]. 上海: 上海体育学院, 2013.

[74] 冯胜刚. 独特的贵州苗族传统武术 [J]. 当代贵州, 2010 (20): 63.

[75] 罗辑, 刘积德. 非物质文化遗产视域贵州侗族民间武术的传承与发展 [J]. 贵州民族研究, 2014, 35 (7): 93-96.

[76] 郑绍涛, 陆兆明. 贵州布依族、水族的武术动运 [J]. 贵州师范大学学报: 社会科学版, 1986 (4): 69-70.

[77] 福建武术挖掘整理小组. 福建武术拳械录 [M]. 福州: 福建省体育运动委员会, 1985.

[78] 翁信辉. 南少林五祖拳的历史与文化 [D]. 上海: 上海体育学院, 2008.

[79] 洪正福, 林荫生, 苏瀛汉. 三百年来的永春白鹤拳 [J]. 体育文史, 1986 (4): 29-32.

[80] 张银行. 闽台武术文化研究 [D]. 上海: 上海体育学院, 2012.

[81] 广东武术挖掘整理小组. 广东拳械录 [M]. 广州: 广东省体委武术挖掘整理办公室, 1985.

[82] 马廉祯, 毛旺, 冯进勇. 香港武术文化的形成及其特征 [J]. 体育学刊, 2016, 23 (4): 30-34.

[83] 黄虹. 试论对无形文化遗产——粤剧南派武功的抢救和保护 [J]. 中国博物馆, 2005 (1): 62-65.

[84] 马廉祯, 毛旺, 冯进勇. 香港武术文化的形成及其特征 [J]. 体育学刊, 2016, 23 (4): 30-34.

[85] 李吉远. 岭南武术文化研究 [D]. 上海: 上海体育学院, 2010.

[86] 杨琴. 广西壮拳研究 [J]. 中华武术 (研究), 2011, 1 (5): 36-38.

[87] 广西武术挖掘整理小组. 广西拳械录 [M]. 广州: 广西武术挖掘整理办公室, 1985.

[88] 广西壮族自治区地方志编纂委员会. 广西通志·体育志 [M]. 南宁: 广西人民出版社, 1989.

[89] 杜娜. 美丽乡村建设研究与海南实践 [M]. 北京: 科学技术文献出版社, 2016.

[90] 王翠娥. 试谈海南黎族传统体育 [J]. 南方文物, 2005 (1): 105-107, 21.

[91] 张胜利, 郭志禹. 中国地域武术文化的研究模式构建 [J]. 武汉体育学院学报, 2011, 45 (4): 73-77.

[92] 宁夏武术挖掘整理小组. 宁夏拳械录 [M]. 银川: 宁夏回族自治区体育运动委员会, 1985.

[93] 王芗斋. 意无止境 [M]. 海口：海南出版社, 2014.

[94] 杜鹏. 京剧武戏研究 [D]. 北京：中国艺术研究院, 2014.

[95] 耿献伟. 珞巴族刀舞的社会价值及文化传承研究 [J]. 西藏民族大学学报：哲学社会科学版, 2016, 37 (6)：135-139.

[96] 李随志, 张俊田. 少林佛汉拳 [M]. 河北：河北人民出版社, 1996.

[97] 吴逐. 江西法门拳研究 [D]. 南昌：江西师范大学, 2019.

[98] 刘志峰. 江西硬门拳研究 [D]. 南昌：江西师范大学, 2017.

[99] 湖北省体育运动委员会. 湖北武术史 [M]. 北京：人民体育出版社, 1994.

[100] 孟宪堂. 中国孙膑拳 [M]. 北京：西苑出版社, 1994.

[101] 新疆维吾尔自治区武术挖掘整理组. 新疆拳械录 [M]. 乌鲁木齐：新疆维吾尔自治区武术挖掘整理办公室, 1985.

[102] 徐艺萌. 东北地区朝鲜族刀舞的传承与发展研究 [D]. 延吉：延边大学, 2019.

[103] 佚名. 继古贤之风扬今人之志 [J]. 中华武术, 2003 (3)：4.

[104] 周海凤, 林晓花. 体育非物质文化遗产福建地术拳传承模式与传承路径探析 [J]. 福建体育科技, 2016, 35 (4)：16-19, 27.

[105] 戚继光. 纪效新书（18卷本）[M]. 曹文明, 吕颖慧, 校释. 北京：中华书局, 2001.

[106] 德虔. 少林武术大全（下）[M]. 北京：北京体育学院出版社, 1991.

[107] 刘锡江, 赵树森. 南皮武术：南皮县文史资料·武术专辑 [M]. 沧州：南皮县文史办公室, 2005.

[108] 杨洪茂. 沈阳武林志 [M]. 沈阳：沈阳出版社, 2006.

[109] 中国武术大辞典编辑委员会. 中国武术大辞典 [M]. 北京：人民体育出版社, 1990.

[110] 李重申. 敦煌古代体育文化 [M]. 兰州：甘肃人民出版社, 2000.

[111] 李重申, 李金梅, 李小惠, 等. 敦煌莫高石窟与角抵 [J]. 体育文化导刊, 2002 (1)：88-91.

[112] 易绍武. 敦煌壁画中所见的古代体育 [J]. 敦煌学辑刊, 1985 (1)：101-120.

[113] 李金梅, 路志峻. 敦煌莫高窟303窟和61窟壁画的武术考论 [J]. 体育文史, 2001 (3)：42-43.

[114] 张海超. 非物质文化遗产视野下汤瓶七式拳传承研究 [D]. 开封：河南大学, 2017.

[115] 利通区地方志编纂委员会. 吴忠市志 [M]. 北京：中华书局, 2000.

[116] 宁夏体育志编审委员会. 宁夏体育志 [M]. 银川：宁夏人民出版社, 2000.

[117] 宁夏百科全书编纂委员会. 宁夏百科全书 [M]. 银川：宁夏人民出版社, 1998.

[118] 陈小蓉. 中国体育非物质文化遗产·江苏卷 [M]. 兰州：甘肃教育出版社, 2018.

[119] 毛银坤．四川武术大全［M］．成都：四川科学技术出版社，1989．

[120] 施吉良，李超，王聚安，等．云南民族传统体育［M］．长春：吉林大学出版社，2015．

[121] 张勇．咏春拳研究［M］．合肥：安徽大学出版社，2018．

[122] 中国非物质文化遗产保护中心．第二批国家级非物质文化遗产名录简介［M］．北京：文化艺术出版社，2010．

[123] 郭裔．晚清民国时期的广东武术［M］．广州：华南理工大学出版社，2013．

[124] 花家涛．中国台湾民间武术四维一体文化考［J］．体育学研究，2018，1（3）：61-68．

[125] 谭先进．崇左文化述要［M］．南宁：广西人民出版社，2010．

[126] 梁家森，等．粤剧南拳［M］．广州：花城出版社，1985．

[127] 韦晓康．壮民族传统体育文化研究［M］．北京：中央民族大学出版社，2004．

[128] 中国体育博物馆，国家体委文史工作委员会．中华民族传统体育志［M］．南宁：广西民族出版社，1990．

[129] 宋君杰．戳脚汇宗 饶阳戳脚·金刚锤［M］．北京：团结出版社，2015．

[130] 曲莉．龙行武术研究［D］．昆明：云南师范大学，2014．

[131]《中国少数民族传统体育大全》编委会．中国少数民族传统体育大全（上）［M］．沈阳：辽宁民族出版社，2017．

[132] 陕西省地方志编纂委员会．陕西省志·体育志［M］．西安：陕西人民出版社，1995．

[133] 李果锁．国术丛书 山西洪洞通背拳［M］．太原：山西科学技术出版社，2016．

[134] 张青．王根生．洪洞县志（下）［M］．太原：山西春秋电子音像出版社，2005．

[135]《河南省国家级非物质文化遗产图录》编辑委员会．河南省国家级非物质文化遗产图录1［M］．郑州：河南人民出版社，2011．

[136] 马锦丹．回族传承的民间武术心意六合拳考述［J］．回族研究，2012，22（4）：101-106．

[137] 李冬阳．河南心意六合拳技术特征研究［D］．太原：中北大学，2016．

[138] 吴逯．江西法门拳研究［D］．南昌：江西师范大学，2019．

[139] 尹国昌，刘欣然．民俗体育奇葩：永新盾牌舞的文化研究［J］．江西师范大学学报：哲学社会科学版，2012，45（4）：109-113．

[140]《中华舞蹈志》编辑委员会．中华舞蹈志·江西卷［M］．上海：学林出版社，2014．

[141] 湖南省地方志编纂委员会．湖南省志：第22卷 体育志［M］．长沙：湖南出版社，1994．

[142] 南充市地方志编纂委员会．南充市志［M］．成都：四川科学技术出版社，1994．

[143] 四川省非物质文化遗产保护中心．四川非物质文化遗产民间文学艺术集录：第2部（下）［M］．成都：巴蜀书社，2011．

[144]《民族体育集锦》编写组. 民族体育集锦［M］. 北京：人民体育出版社，1985.

[145] 玉溪地区民族事务委员会. 玉溪地区民族志［M］. 昆明：云南民族出版社，1992.

[146] 戴庆夏，中央民族大学哈尼学研究所. 中国哈尼学：第2辑［M］. 北京：民族出版社，2002.

[147] 李德祥. 中国哈尼族武术文化初探［J］. 云南师范大学哲学社会科学学报，1994（6）：81-85.

[148] 林建华. 福建武术史［M］. 厦门：厦门大学出版社，2013.

[149] 林荫生. 中国南少林［M］. 福州：福建人民出版社，2013.

[150] 陈小蓉. 中国体育非物质文化遗产：广东卷［M］. 兰州：甘肃教育出版社，2016.